KB145772

게으름은
왜
죄가
되었나

게으름은
왜
죄가
되었나

초판 1쇄 발행 2012년 9월 10일
초판 3쇄 발행 2013년 11월 10일

지은이 이옥순
펴낸이 이영선
펴낸곳 서해문집

이 사 강영선
주 간 김선정
편집장 김문정
편 집 허 승 임경훈 김종훈 김경란 정지원
디자인 오성희 당승근 안희정
마케팅 김일신 이호석 이주리
관 리 박정래 손미경

출판등록 1989년 3월 16일 (제406-2005-000047호)
주 소 경기도 파주시 문발동 파주출판도시 498-7
전 화 (031)955-7470 | **팩스** (031)955-7469
홈페이지 www.booksea.co.kr | **이메일** shmj21@hanmail.net

©이옥순, 2012

ISBN 978-89-7483-534-7 03900

이 도서의 국립중앙도서관 출판시도서목록(CIP)은 e0-CIP 홈페이지
(http://www.nl.go.kr/cip.php)에서 이용하실 수 있습니다.(CIP제어번호:2012003865)

게으름은
왜

부지런함이 숨긴 게으름의 역사

죄가 되었나

이옥순 · 지음

서해문집

차례

01
게으름의
문화사

02
서양의
게으름

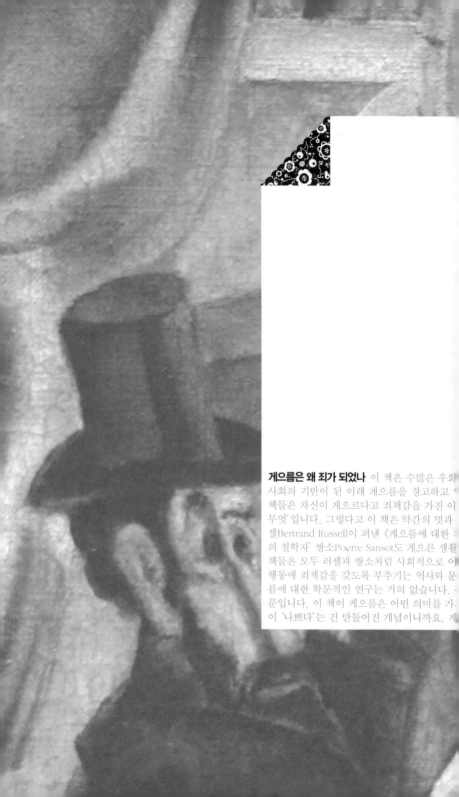

게으름은 왜 죄가 되었나 이 책은 수많은 우회
사회의 기반이 된 이래 게으름을 경고하고 ○
책들은 자신이 게으르다고 죄책감을 가진 이
무엇'입니다. 그렇다고 이 책은 약간의 멋과
셀Bertrand Russell이 펴낸 《게으름에 대한 *
의 철학자' 쌍소Poerre Sansot도 게으른 생활
책들은 모두 러셀과 쌍소처럼 사회적으로 어
행동에 죄책감을 갖도록 부추기는 역사와 문
름에 대한 학문적인 연구는 거의 없습니다. *
문입니다. 이 책이 게으름은 어떤 의미를 가
이 '나쁘다'는 건 만들어진 개념이니까요. 게

게으름의 문화사 *

처럼 게으르면 가난해진다거나 게으른 자는 성공할 수 없다는 교훈을 말하지 않습니다. 근면이 근대 산업

일러주는 책은 이미 많이 나왔습니다. **불행의 씨앗** 《게으름이여, 안녕!》 《게으름 퇴치법》 같은 제목을 단

마를 쫓아내는 주술사처럼 게으름을 퇴치하는 방법을 일러줍니다. 여기서 게으름은 쫓아내야 할 '나쁜 그

아서 게으름을 찬양하지 않습니다. 게으름을 찬양하는 책도 아주 많습니다. 20세기 전반 영국의 철학자 러

히 일하는 당시 사회를 **가난뱅이는 게으름뱅이?** 향해 게으르게 살 것을 권장했습니다. 지금도 활동하는 '느림

. 서구에서 나온 《오래 살려면 게으름을 즐겨라》 《게으름을 떳떳하게 즐기는 법》 《게으름의 즐거움》 같은

한 사람들이 여유롭게 게으름을 권유하는 내용입니다. 저는 이 책에서 게으름이 나쁘다고 여겨지고 게으른

각해봅니다. 그동안 동서양의 학자들은 부정적인 의미를 가진 게으름을 주목하지 않았습니다. 그래서 게으

름을 고고학적으로 살펴보려던 본래 계획이 다소 어긋난 것도 발굴된 기록이 많**게으름은 상대적** 지 않기 때

력과 연계되는지를 추적하면서 게으름을 자책하는 사람들에게 약간의 해방감을 주길 희망합니다. 게으름

근대 서구 문화에서 좋은 평가를 받지 못했습니다. 이 책 2장에서 말하는 것처럼, 게으름이 근대 서구 산업

**
***

게으름은 왜 죄가 되었나

이 책은 수많은 우화와 옛날이야기처럼 게으르면 가난해진다
거나 게으른 자는 성공할 수 없다는 교훈을 말하지 않습니다.
근면이 근대 산업사회의 기반이 된 이래 게으름을 경고하고 열
심히 살라고 일러주는 책은 이미 많이 나왔습니다. 《게으름이
여, 안녕!》《게으름 퇴치법》 같은 제목을 단 책들은 자신이 게
으르다고 죄책감을 가진 이들에게 마치 악마를 쫓아내는 주술
사처럼 게으름을 퇴치하는 방법을 일러줍니다. 여기서 게으름
은 쫓아내야 할 '나쁜 그 무엇'입니다.

그렇다고 이 책이 약간의 멋과 여유로움을 담아서 게으름
을 찬양하진 않습니다. 게으름을 찬양하는 책도 아주 많습니다.
20세기 전반 영국의 철학자 러셀이 펴낸 《게으름에 대한 찬양》
은 열심히 일하는 당시 사회를 향해 게으르게 살 것을 권장했습
니다. 지금도 활동하는 '느림의 철학자' 쌍소Poerre Sansot도 게으
른 생활을 권유합니다. 서구에서 나온 《오래 살려면 게으름을
즐겨라》《게으름을 떳떳하게 즐기는 법》《게으름의 즐거움》 같
은 책들은 러셀과 쌍소처럼 사회적으로 어느 정도 성공한 사람

9
01 게으름의 문화사

들이 여유롭게 게으름을 권하는 내용입니다.

저는 학술서가 아닌 이 책에서 게으름이 나쁘다고 여겨지고 게으른 행동에 죄책감을 갖도록 부추기는 역사와 문화에 대해 느슨하게 생각해봅니다. 그동안 동서양의 학자들은 부정적인 의미를 가진 게으름을 주목하지 않았습니다. 그래서 게으름에 대한 학문적인 연구는 거의 없습니다. 동서양의 게으름을 고고학적으로 살펴보려던 본래 계획이 다소 어긋난 것도 발굴된 기록이 많지 않기 때문입니다. 이 책이 게으름은 어떤 의미를 가지고 어떻게 권력과 연계되는지를 추적하면서 게으름을 자책하는 사람들에게 약간의 해방감을 주길 희망합니다. 게으름이 '나쁘다'는 건 만들어진 개념이니까요.

게으름은 특히 근대 서구 문화에서 좋은 평가를 받지 못했습니다. 이 책 2장에서 말하는 것처럼, 게으름이 근대 서구 산업사회와 깊은 관련을 맺었기 때문입니다. 산업사회에선 노동이 중요해지면서 게으름도 중요해졌습니다. 당시 게으름은 "일하는 걸 좋아하지 않고 활동이 부족한 상태"를 의미했습니다. 즉 게으름은 뭔가 부족하고 비정상적인 상태입니다. 일하는 걸 좋아하지 않아도 일을 잘하는 사람은 게으르다고 여겨지지 않지만, 일하는 걸 아무리 좋아해도 일하지 않으면 게으르다고 간주됐습니다. 이건 일종의 거짓 의식입니다.

이 책에서는 게으름에 관한 환상과 실재를 시공간적, 즉 역

＊ 안식일을 게으름의 소산으로 보는 견해도 있었다.
웨버 맥스Weber Max의 '유대인의 안식일'(1919)

사적·문화적으로 살펴봅니다. 게으름은 집단이나 국가에 따라 다른 평가를 받았습니다. 인종에 따라 다르게 인식됐고, 시대에 따라서도 평가가 달랐습니다. 고대 유대인은 의무처럼 일곱째 날에 반드시 쉬었는데, 게을러서가 아니라 휴식을 위해서였습니다. 그들은 그날을 안식일이라고 불렀지요. 비교적 유유자적하게 생활한 그리스인과 로마인은 안식일을 가진 유대인을 게으름뱅이민족이라고 불렀습니다.

고대와 근대에 게으름의 의미가 달라졌듯이 서구 유럽의 온대가 유포한 게으름의 개념이 비서구 열대에서 같은 의미를 가지진 않았습니다. 3장에서 볼 수 있듯이 더운 기후로 인해 활력과 움직임이 적은 열대에서는 "일하는 걸 좋아하지 않고 활동이 부족한 상태"가 정상이었습니다. 그래야 살아남으니까요.

게으름은 시간의 개념과도 관계가 깊습니다. 느림을 게으르다고 생각하고 빠름을 역동적이고 진취적인 것으로 여긴 서구와 달리 비서구 사회에서 게으름은 다른 의미를 가졌습니다. 이들 지역에서 느림은 부정적인 의미의 게으름이 아니라 여유와 한가로움에 가까웠습니다.

"그 사람은 게을러요"라는 말을 들으면 어떤 이미지가 떠오르나요? 추레한 옷차림과 덥수룩한 머리를 한 못생긴 사람이 방바닥에서 뒹구는 모습이기 십상일 겁니다. 또는 늦잠을 자고 동료들의 눈총을 받으며 허둥지둥 사무실에 도착하는 무능한 회사원일 수도 있고요. 이상하게도 게으름뱅이는 늘 가난하고 아둔하며 못생긴 인물입니다. 이솝우화 〈개미와 배짱이〉에서 드러나듯이 게으름은 부도덕하고, 게으른 사람은 실패하고 가난합니다. 잘생기고 똑똑하며 부

※ 밀로 윈터Milo Winter가 그린, 1919년 출간된 《개미와 베짱이》 표지

자인 사람이 게으름뱅이로 그려지는 경우는 드뭅니다.

　게으른 사람을 칭찬하거나 좋게 여기는 집단이나 사회는 많지 않습니다. 어디에서든, 어느 집단에서든 게으름은 경멸과 비난을 받고, 나아가 벌을 받습니다. 그래서 즉각적인 성과물을 내지 못한 우화 속 베짱이는 게으른 대가로 굶주림이라는 처벌을 받았지요. 게으름은 가난과 동일시됩니다. 옛날이야기에 등장하는 빈둥빈둥하는 게으름뱅이는 거의 모두 가난뱅이입니다. 어른들은 아이들에게 아무리 똑똑해도 게으르면 성공할 수 없다고 말합니다. 덜 배우고 덜 똑똑해도 열심히 일하면 마침내 성공이 찾아온다고 가르치고요.

　그래서인지 게으름을 미화한 문학작품은 많지 않습니다. 산업사회가 등장하기 전에 활동한 영국의 극작가 윌리엄 셰익스피어의 대표작 《햄릿》에도 게으름이 부정적으로 여겨졌음을

보여주는 대화가 나옵니다. 주인공 햄릿은 절친한 친구인 호레이쇼가 스스로 천성이 게으르다고 말하자 "그런 험담은 자네 원수라도 못하게 하겠네. 자네 입으로 욕한다고 내가 믿을 것 같아? 자넨 게으름뱅이가 아냐"라고 대꾸합니다. 게으르다고 불리는 것이 '욕'이나 '험담'이었다는 걸 알 수 있습니다. 근대 이후 문학에서도 게으름은 도덕적 타락과 관련되거나 패배자의 전유물로 그려졌습니다.

불행의 씨앗

옛날 어느 시골에 한 게으름뱅이가 살고 있었습니다. 이 게으름뱅이는 전혀 일을 하지 않았습니다. 아내는 밭에서 열심히 일을 했지만 이 게으름뱅이는 낮잠만 잤습니다.

어느 날 아내가 게으름뱅이 남편에게 불평했습니다. 게으름뱅이는 화가 났습니다. 그래서 게으름뱅이는 집을 떠났습니다.

게으름뱅이는 산 속에서 한 노인을 만났습니다. 이 노인은 나무로 탈을 만들고 있었습니다. 게으름뱅이는 노인에게 물었습니다.

"할아버지, 무엇을 만드십니까?"

"소머리 탈을 만들고 있소."

"그런데 그것을 왜 만드십니까?"

"게으름뱅이가 이것을 쓰면, 좋은 일이 생기오."

"아, 그래요? 그럼, 제가 한 번 써 보겠습니다."

게으름뱅이는 소머리 탈을 썼습니다. 그러자 게으름뱅이는 정말 소가 됐습니다. 게으름뱅이는 깜짝 놀랐습니다.

"할아버지, 이 탈을 벗겨 주십시오!"

그렇지만 사람의 목소리는 나오지 않았습니다. 그 대신 '음메, 음메' 소리만 났습니다. 노인은 이 소를 시장으로 데리고 갔습니다. 그리고 노인은 소를 한 농부에게 팔았습니다.

농부는 매일 이 소에게 많은 일을 시켰습니다. 소는 새벽부터 밤까지 하루 종일 일을 해야 했습니다. 그래서 게으름뱅이는 생각했습니다.

'아, 너무 힘들다. 차라리 죽고 싶다!'

그때 게으름뱅이는 노인이 했던 말이 생각났습니다. 노인은 소를 팔 때 농부에게 이렇게 말했습니다.

"이 소는 무를 먹으면 죽습니다. 그러니까 무를 조심하십시오."

다음 날도 게으름뱅이는 밭에서 일을 해야 했습니다. 그러다가 갑자기 게으름뱅이는 무밭으로 달려갔습니다. 그리고 무를 먹었습니다. 게으름뱅이는 곧 다시 사람이 됐습니다. 농부는 깜짝 놀랐습니다. 게으름뱅이는 농부에게 지난 일을 자세히 설명했습니다. 그리고 게으름뱅이는 집으로 돌아왔습니다. 그 후부터 게으름뱅이는 아주 열심히 일했습니다. 그래서 아내와 함께 행복하게 살았습니다.

우리나라 여러 지방에서 전해지는 '소가 된 게으름뱅이'는 게으른 사람은 행복해질 수 없다는 사실을 알려줍니다. 위 이야기처럼 소가 된 게으름뱅이가 나중에 아내와 함께 행복하게 살게 된 건 열심히 일했기 때문입니다. 근면은 긍정적으로 여겨졌지요. 대개 옛날이야기들은 게으름을 비판하고 게을러서는 안 된다는 교훈을 담고 있습니다. 어린이들은 게으른 사람은 벌을 받고 부지런한 사람은 행복하게 산다는 이야기를 들으며 자랍니다. 부지런히 일한 신데렐라는 복을 받고, 늘 놀고먹은 나쁜 언니들은 벌을 받는 것처럼 말입니다.

서양에서 전해지는 옛날이야기도 대개는 이렇게 시작합니다. "옛날 어느 마을에 한 부부가 살았는데요, 그들에게는 장성한 두 딸이 있었습니다. 한 명은 부지런했으나 다른 딸은 아주 게을렀어요." 흥미롭게도 부지런한 딸은 언제나 콩쥐처럼 얼굴이 예쁘고 마음 착하지만 게으른 딸은 팥쥐처럼 늘 못생긴 얼굴에 마음씨까지 나쁩니다. 이런 이야기들이 전하는 메시지는 분명합니다. 게으름은 불행을 가져오고, 근면은 행복을 보장한다는 거지요.

두 마리의 새가 한 둥지에 함께 살았습니다. 둘 다 게을러서 아무 일도 하지 않고 놀았어요. 좋은 계절이 가고 추운 겨울이 왔습니다. 둥지에 난 구멍으로 찬바람이 스며들었습니다. 두 마리의 새는 구멍을 메우지 않는다고 서로 상대방의 게으름을 나무라면서 서로에게 일을 미루었습니다. 어느 날 눈이 내리기 시작했습니다. 두 새는 추위에 떨면서도 움직이지 않았어요. 둥지로 눈이 들어왔으나 여전히 꼼짝도 안했습니다. 다음날 두 마리의 새는 얼어 죽은 채 발견됐습니다.

인도에서 전해지는 이 설화도 게으르면 불행이 찾아온다고 이야기합니다. 오늘 할 일을 내일로 미루고 게으름을 부리던 두 마리 새는 결국 얼어 죽습니다. 열대기후 때문에 몸놀림이 빠르지 않고 영겁의 시간을 믿으며 시간의 흐름에 비교적 관대한 인도에서도 게으름은 나쁜 것으로 여겨진 모양입니다. 게으름은 이런 이야기와 함께 사람들의 마음속에 나쁜 것으로 새겨집니다.

게으름이 가져오는 나쁜 결과를 들으며 자란 사람들은 자신이 게으르지 않은데도 눈에 보이는 좋은 결과가 없는 시간의 흐름을 불안하게 여깁니다. 스스로 게으르다고 여기는 사람들은 게으름을 탈출하는 법을 배우려고 여기저기 기웃거리고, 종종 3일도 지키지 못할 작심을 하고 얼마간 노력을 기울이지요.

놀이터에서 노는 걸 좋아하는 어린이나 주중에 쭉 일하고 주말 아침에 일찍 일어나지 못하는 어른들이 자신의 게으름을 불안해하거나 죄책감을 갖는 건 기이합니다. 그 정도의 게으름이 나쁜 걸까요? 사람을 죽이거나 남의 물건을 훔친 것도 아닌데 그들은 왜 죄책감을 가지는 걸까요? 그저 '새 나라의 어린이'와 달리 아침에 조금 늦게 일어나거나 하루 종일 나무뿌리를 캐내는 순진한 어린 왕자처럼 열심히 공부하지 않고 그저 얼마간 놀았을 뿐인데 말입니다.

프랑스의 소설가 생텍쥐페리가 1943년에 발표한 《어린왕자》에서 어린왕자는 열심히 바오바브나무의 뿌리를 캐냅니다. 실제로 아프리카의 마다가스카르 섬의 건조지대와 열대 아프리카 일부에서 자라는 바오바브나무는 아주 크게 자라기 때문에 늦게 손을 쓰면 없애기 힘든 나무입니다. 어린왕자는 바오바브나무의 뿌리가 자꾸 자라서 자신의 소행성 B-612를 뚫어 산산조각을 내버릴까봐 게으름을 피우지 못합니다. 우리나라 학생들도 어린왕자를 닮았습니다. 남에게 뒤쳐질까 봐 하루 종일 학교와 학원을 전전하느라 게으름을 피우지 못하니까요.

게으름에 죄책감을 갖는 이유는 어려서부터 게으름이 나쁘다는 말을 자주 들으며 자랐기 때문입니다. 거북이와 경주하다가 낮잠을 자는 토끼, 개미처럼 열심히 일하지 않고 노래를 부르며 논 베짱이 이야기는 어린아이들에게 게으름에 대해 죄책감을 심어줍니다. 게으름이 나쁘다고 반복해서 배운 사람은 누구를 다치게 하거나 해롭게 하지 않았는데도 게으를까봐 불안해합니다. 잠시 낮잠을 잔 토끼처럼 게으름을 조금 부리고도 나쁜 일을 저지른 것처럼 마음이 편치 않습니다.

일하는 즐거움이 있다면 노는 즐거움도 있어야 마땅합니다. 음과 양, 직선과 곡선이 모여서 자연과 만물을 이루듯이 인간의 삶도 긴장과 이완이 필요하니까요. 아무리 튼튼한 사람이라도 24시간 내내 달릴 수는 없지요. 기계도 그렇게 일하면 망가집니다. 음식을 먹고 소화를 기다리듯, 냄비에 눌어붙은 음식을 떼기 위해 물을 붓고 기다리듯, 일한 뒤에는 쉬는 것이 필요합니다. 단번에 다 끝낼 순 없지요. 그러므로 아침에 늦게 일어나서 얻는 달콤한 시간이 게으름뱅이라는 죄의식과 열등감을 데려오는 건 부당하게 보입니다. 일종의 협박으로도 여겨지고요.

"사람들은 휴식을 부끄러워하고 긴 시간을 들여 사색하는 걸 바람직하지 않다고 생각합니다. 점심을 먹을 때도 손목시계를 들여다보고, 주식시장의 최신뉴스를 읽으며 뭔가 대단한 것을 놓칠까 봐 늘 조바심을 내지요." 게으름을 옹호한 독일의 철학자 니체가 19세기에 한 이야기입니다. 오늘날에도 100퍼센트 유효합니다. 적지 않은 사람들이 게으르다면서 공연히 자신을 학대하고 종종걸음을 치니까요. 남이 아니라 게으른 자신에게 열등의식을 가진 사람도 많습니다.

　게으름을 찬양하거나 자신의 게으름을 자랑하는 사람은 대개 몇몇 성공한 사람입니다. 그들은 게으르다고 고백해도 비난을 받지 않고 오히려 호감을 더할 수 있는 유리한 위치에 있지요. 게으름을 찬양한 사람들은 실제 생활에서 부지런하기 때문에 그들이 말하는 게으름은 멋으로 여겨집니다. 하루에 네 시간만 일할 것을 권하면서 게으름을 찬양한 러셀은 매우 부지런했습니다. 그가 찬양한 게으름은 나태가 아니라 느림과 여유에 가까웠고요.

　인도의 어떤 전설은 높고 추운 히말라야에 한고寒苦라는 새가 살았다고 알려줍니다. 앞서 얘기한 둥지에 난 구멍을 메우는 걸 서로 미루다가 얼어 죽은 새와 비슷합니다만, 한고는 아예 둥지를 틀지 않아서 밤이 되면 히말라야의 극심한 추위에 덜덜 떨었습니다. 그러나 낮이 되어 따뜻해지면 다시 게으름을 피우며 둥지를 만들지 않고 놀았지요. '추운 고통'이라는 이름의 한고는 고통의 바다에 살면서도 게을러서 깨달음을 얻지 못하는 인간을 비유할 때 자주 인용됩니다.

　어른들도 깨달음을 얻기는커녕 아침에 일찍 일어나고 열심히 일하기가 쉽지 않을진대, 어린아이들이 교과서대로, 교훈대로 움직이는 건 당연히 어렵습니다. 너무 게으르지 않도록 가르치는 교육은 필요하지만, 어려서부터 게으름에 대해 과도한 죄책감과 강박관념을 갖게 하는 건 지나치다는 생각이 듭니다. 단단한 나무가 부러지듯 강한 규율이 부드러운 인간을 만들긴 어렵거든요.

가난뱅이는 게으름뱅이?

부지런함을 강조하고 게으름을 문화적으로 억압하는 이유는 무엇일까요? 왜 게으름이 나쁘다고 가르치는 걸까요?

당연하게도 그런 가르침에는 힘의 논리가 들어 있습니다. 게으름이 부지런함보다 열등해서가 아니지요. 게으름이 사회 질서와 권력을 유지하는 데 악영향을 주기 때문이랍니다. 오늘날 권력을 가진 국가와 회사의 CEO들은 시간을 아껴 쓰고 열심히 일하는 부지런한 사람을 필요로 합니다. 노는 사람이 많으면 사회질서와 기관이 존립하는 데 위협이 되기 때문입니다. 부지런한 사람을 칭찬하고 포상하며 게으른 사람을 나쁘고 무능력자로 비판할 이유가 여기에 있습니다.

게으름이 폄하되고 근면이 장려된 것은 근면이 힘이나 권력과 깊이 연계되기 때문이었습니다. 힘을 가진 계급이나 집단이 권력관계를 만들고 스스로를 근면한 존재로, 주변부 사람들

※ 한가한 지배층, 인도 무굴귀족을 묘사한 그림

을 본질적으로 게으른 '그들'로 규정했습니다. 하층민에게 일하지 않으면 게으르다고 가르친 건 그들의 노동력을 이용하기 위해서였습니다. 하층계급은 게으르다는 신화는 그들을 경멸하는 동시에 게으르지 않은 자신들, 왕·귀족·부르주아·지주를 상대적으로 우월하게 만드는 데 이용됐습니다.

게으름은 국경을 넘어 작동한 국제간 권력관계에도 배어들었습니다. 이 책의 4장에서 볼 수 있듯이, 게으름이 야만과 후진성으로 상징되면서 근면하고 역동적인 서구 제국주의자들은 게으른 동양에 대한 침투와 정복을 정당화했습니다. 게으름은 식민지가 된 아시아, 아프리카 사람들의 천성으로 여겨졌고, 나아가 국민적 특성으로 규정됐습니다. 그들을 지배한 식민지 배자들은 일개미처럼 식민체제에 순응한 사람을 근면한 사람으로 여기고 그렇지 않은 자들을 나태하다고 간주했습니다.

어느 날, 산양이 개울물을 마시고 있었다.

그때 얼마 떨어지지 않은 위쪽에서 물을 마시던 호랑이가 산양을 보고 소릴 질렀다.

"야, 너! 왜 내 개울물을 흐리는 거야?"

"제가 아래쪽에 있는데 어떻게 윗물을 흐리나요?"

"어제 그랬잖아, 이놈아?"

"어젠 저 여기 없었는데요."

"네 어미가 그랬겠지?"

"울 엄마는 죽은 지 오래됐어요."

"그렇다면, 네 아비구먼."

"전 아버지가 누군지 몰라요." 산양은 도망갈 기회를 엿보면서 대꾸했다.

"상관없어. 네 아비가 아니면 네 할아비나 증조할아비가 그랬을 거야! 내 물을 흐렸으니 잡아먹을 수밖에!" 호랑이는 으르렁거리며 산양에게 덤벼들었다.

이 인도 민화는 어떤 대상을 보고 정의하는 사람과 그에게 목도되고 정의되는 사람이 대등하지 않다는 걸 보여줍니다. 산양에게 게으르다고 말할 수 있는 호랑이는 힘을 가졌고, 그래서 우월합니다. 아는 것이 힘이듯 보고 말하고 판단하는 것이 권력과 연계되기 때문입니다. 프랑스의 푸코Michel Foucault는《광기의 역사Madness and Civilization》에서 정상인을 정의하기 위해 미친 사람을 가두거나 침묵하게 만들면서 정신병이 탄생했다고 파악했습니다.

인도에는 "세상에는 명령하는 사람과 명령을 받는 사람이 있다"는 속담이 있습니다. 일하라고 명령하는 사람은 근면하지만, 명령과 돈을 받고 일하는 사람은 게으르고 부정직하다는 신화도 있고요. 게으름이 본격적으로 비판받기 시작한 근대 서구에도 두 종류의 사람이 있었습니다. 게으른 사람과 게으르지 않은 사람입니다. 아니, 게으르다고 말할 수 있는 사람과 게으르다는 소리를 듣는 사람이라고 말해야겠네요. 약자에게 게으르다는 편견을 갖는 쪽은 늘 강자입니다.

게으르다고 말할 수 있는 자는 누구인가요? 모든 걸 규정하는 자는 힘을 가진 사람입니다. 힘이 지배하는 건 정글만이 아닙니다. 신하에게 왕이, 하인에게 귀족이, 노동자에게 부르주아가, 머슴에게 지주가, 학생에게 교사가, 자식에게 부모가 게으르다고 말할 수 있습니다. 그들은 보고 판단하지요. '너는 게을러'라는 말에는 '나는 게으르지 않은데'라는 전제가 깔려 있습니다. 타자를 게으르다고 규정하면서 게으르지 않은 강자의 긍정적인 정체성이 완성됩니다. 강한 자는 오류가 없고 그래서 근면합니다.

인도를 대표하는 20세기의 소설가 프렘찬드Premchand가 1936년 발표한 단편 〈카파아안Kafaan〉은 영화로도 만들어진 유명한 작품입니다. 이 작품에는 하루 일하고 3일 쉬는 아버지와 반시간 일하고 한 시간을 담배 피며 쉬는 아들이 나오는데, 게으른 두 사람은 일자리를 얻지 못합니다. 하층 카스트인 아버지와 아들은 열심히 일해야 돌아가는 기존질서, 하층민의 싼 노동력이 필요한 지주에게 게으름으로 도전했기에 쓸모없는 존재로 여겨져 일자리를 얻지 못하지요. 이처럼 노동자의 가치는 사회지배층의 필요성에 달려 있습니다.

대다수의 종교도 게으르면 영적으로 좋지 않다는 관점을 공유합니다. 게으름을 좋다고 가르치는 종교는 세상에 없습니다. 게으른 사람의 영혼은 영적 추구에 적합하지 않고 악과 싸울 수 없다고 여겨집니다. 성서와 경전에는 게으름을 경계하고 부지런함을 장려하는 말이 많이 나옵니다. 지배층, 회사, 학교와 대학도 근면을 강조합니다. 개미처럼 부지런한 사람이 아무것도 하지 않는 부자보다 더 성공한다고 장려하고, 로마는 하루아침에 이뤄지지 않았다며 부단한 노력을 강조하지요. 근면은 칭찬을 받고 상을 받지만, 반대로 게으름은 비난과 처벌을 받습니다.

모든 국가, 모든 정부가 게으른 사람을 좋아하지 않습니다. "인간은 생각하는 갈대다"라는 말도 있지만, 모든 조직은 생각하는 사람보다 행동하는 사람을 좋아합니다. 앉아 있기를 좋아하는 사람보다 움직이는 사람을 선호하지요. 게으른 사람은 생각을 많이 하고, 생각을 많이 하는 사람은 기존 제도에 거부감과 불평불만을 갖는다는 것이 조직 위쪽의 판단이지요. 정부와 기관, 회사는 게으른 자들이 대개 불안을 야기하고, 위로부터 부과되는 통제를 받지 않아 기강을 흐린다고 경계합니다.

게으름을 가난과 연계하는 것도 강자의 전략입니다. 강자들은 약자들이 일하는 것을 싫어해서 가난하다거나 공부를 게

TOGETHER WE WIN
UNITED STATES SHIPPING BOARD EMERGENCY FLEET CORPORATION

* 근면을 강조한 미국의 포스터

을리해서 성공하지 못한다고 쉽게 단정합니다. 옛날이야기에서 게으름뱅이는 늘 가난뱅이로 그려지는데, 그렇게 함으로써 약자의 가난이나 고단한 삶은 개인의 잘못인 게으름으로 고정됩니다. 사회적 약자의 가난과 고통은 지배자의 책임이나 의무와 무관해지고, 지배자들의 심리적 부담은 한껏 줄어들지요. 돈과 힘을 가진 강자들이 약자와 주변부의 현실을 존재론적으로 인식하지 않기에 구조적 모순이 해결되거나 변화를 초래하기도 어렵습니다. 오늘날 선진국들도 못사는 나라의 국민들을 일할 의지가 없는 게으름뱅이라고 여깁니다. 열심히 일하지 않는다면 빈곤과 기아를 피할 수 없다고 냉정하게 생각하면서 빈곤국에 대한 원조를 망설입니다.

코카콜라와 맥도널드햄버거를 퍼뜨리듯 게으름이 악이라는 개념을 전 세계에 퍼뜨린 나라는 강대국 미국이었습니다. 게으름이 나쁘다는 걸 대중에게 보급해 덜 일한 것에 죄의식을 갖도록 만든 인물로는 미국의 프랭클린Benjamin Franklin이 으뜸입니다. '자동차의 왕'이라고 불린 헨리 포드Henry Ford도 마찬가지였고요. 그들은 게으른 자에게 문명은 없고, 게으른 사람은 행복할 기회를 막는 실패자라는 청교도적인 이상을 강조했습니다. 미국의 문화제국주의적 영향이 전 세계로 확대되면서 죽도록 일하지 않는 사람을 게으름뱅이라고 낙인찍는 분위기가 세상을 지배하게 됐습니다.

강자가 게임의 법칙을 규정하는 정글의 법칙은 눈에 보이지 않는 인식 영역에서도 작동합니다. 약자들은 자신의 불안한 처지와 가난한 현실이 게으름에서 나온다는 강자의 담론을 서서히 내면화하고, 게으른 자신을 자책하고 죄책감을 가집니다. 게으른 습관을 제거하고 열심히 일하면 사회적 지위를 얻을 수 있다고 믿고, 게으르지 않으려고 새벽별을 보며 일하고 '4당5락'을 외칩니다. 사회적 약자가 게으름을 긍정적으로 평가하고 부지런하지 않은 자신의 습관을 당당하게 옹호하는 경우는 극히 드뭅니다.

게으름에 대한 폄하는 아시아, 아프리카 같은 비서구 세계에도 큰 영향을 주었습니다. 식민지배자로부터 게으르다고 여겨진 비서구인은 후진성과 피지배의 아픈 기억과 연결되는 게으름을 혐오하게 됐습니다. 적당한 여유를 가진 사람이 비난을 받지 않고 존경을 받던 전근대와 달리 근대 이후 비서구 세계는 일찍이 서구가 달성한 근대성과 문명세계에 도달하기 위해 나태와 게으름을 쫓아내야 할 악습으로 받아들였습니다. 20세기 비서구 세계에서 게으름은 점점 '침묵'되었고, 버려야 할 악습이 되었습니다.

게으르다는 소리를 듣는 사람은 언제나 사회적 약자입니다. 빈곤계층, 어린이와 학생, 말단 직원들이 게으르다는 소리를 듣는 반면 사회 중심부에 있는 사람들, 즉 성공한 정치가와 사업가, 교사와 부모들은 다른 사람을 게으르다고 규정하는 반면 자신들은 늘 근면한 것처럼 말합니다. 힘을 가진 자들이 게으르냐 아니냐는 권력관계에서 중요하지 않거든요. 다음의 우스개는 시어머니처럼 힘을 가진 자가 게으름을 정의한다는 사실을 다시금 알려줍니다.

어느 날 나이가 지긋한 두 여인이 수다를 떨고 있었습니다.
"그래 시집간 딸은 잘 살아요?"
"그럼, 우리 딸은 정말 시집을 잘 갔어요. 걘 일을 안 해요. 한낮까지 늦잠을 잡니다. 가정부가 청소며 부엌일을 다 하니까 쇼핑이나 하면서 잘 먹고 잘살아요. 팔자가 좋은 거죠."
"잘 됐네요. 근데 아들은 어떻게 지내요?"
"그 애를 생각하면 화가 나서 죽겠어요. 처복이 없거든요. 남자에게 빌붙어 사는 여잘 만났어요. 며느린 하루 종일 아무것도 안 해요. 가정부가 집안일을 다 하고요. 늦잠이나 자고 부엌엔 얼씬도 안 해요. 내 아들이 번 돈으로 쇼핑이나 하면서 하루를 보낸다니까요. 그것도 비싼 물건만 좋아해요. 속상해서 죽을 지경이에요."

게으름은 상대적입니다. 동일한 상태에서 딸의 게으름은 행복의 근원인 반면 며느리의 게으름은 불행의 시작이니까요. 사실 게으름은 절대적 가치가 아닙니다. 빈곤한 사람에게는 부지런함이 강조되지만, 돈과 지위가 높은데도 여유 없이 돈과 명성을 얻으려고 바쁘게 돌아치는 사람이 존경을 받진 않습니다. 2장에서 볼 수 있듯이 개미처럼 부지런한 습성이 고대부터 늘 강조된 덕목은 아니었습니다. 게으름이 시공간을 넘어 비난을 받은 것도 아니었고요. 대체로 부지런함이 긍정적으로 여겨졌으나 게으름이 부적합한 사회적 자질로 나쁘게 평가받은 건 아니었습니다.

'상대성원리'를 발견한 유명한 과학자 아인슈타인의 게으름도 상대적이었습니다. 그는 대학 시절 '게으른 개'라는 좋지 않은 별명을 갖고 있었답니다. 게을러서가 아니라 전공인 물리학과 공부를 게을리해서 얻은 별명이었지요. 대학에서 강의를 들을 수 없는 전자기학을 독학하느라 다른 공부를 소홀히 했기 때문이었습니다. 대학 입장에서 보면 학업을 게을리한 것이지만 그가 절대적으로 게으른 건 아니었지요. 이처럼 게으름은 누가 보고 판단하느냐에 따라 달라집니다.

*
**

게으름은 상대적

"간 때문이야. 간 때문이야. 피곤한 간 때문이야……" 축구선

수 차두리가 나오는 이 광고 문구는 피곤하게 일하는 21세기 한국사회를 잘 반영합니다. 게으름을 멸시하고 피곤해지도록 부지런함을 강조하는 사회분위기는 초등학교나 중고등학교의 교훈에서도 잘 드러납니다. "부지런하자" "부지런히, 부지런하게" "슬기롭고 예의 바르며 부지런한 사람이 되자" "아름다워라, 부지런하라, 슬기로워라" 등 부지런함을 장려하는 교훈을 가진 학교는 우리나라 전역에 엄청나게 많습니다.

옛날에 왕과 게으른 남자가 친구로 지냈습니다. 어느 날 왕이 "왜 일을 하지 않고 노느냐?"고 친구에게 물었지요. "내가 제때에 일을 마치지 못한다고 아무도 내게 일자리를 주지 않아." "그렇다면 내가 도움을 주지. 지금 왕실 곳간으로 가보게. 자네가 가지고 싶은 만큼 금은보화를 가져가도 좋아. 시간은 해가 질 때까지야." 집으로 돌아온 남자에게서 자초지종을 들은 아내는 어서 가서 금화와 보석을 가져오라고 보챘습니다. "점심 먹고 갈게." 점심을 먹은 남자는 한 시간 동안 낮잠을 자고 자루를 들고 왕궁으로 갔습니다. 가는 도중 날이 덥다고 느낀 그는 나무 밑에 앉아서 또 한참을 쉬었지요. 다시 걸음을 재촉하던 그의 눈에 마술사가 보였습니다. 마술을 구경하느라고 한 시간이 또 지났습니다. 남자가 왕궁에 도착했을 때는 이미 해가 졌습니다. 왕궁의 문도 닫혀 있었고요. 남자는 부자가 될 기회를 놓치고 말았습니다.

인도에서 전해지는 이 이야기처럼 게으름 때문에 모처럼 찾아온 황금과 같은 기회를 놓친 이야기는 아주 많습니다. 우리는 어릴 때부터 게으름을 피우면 안 된다고 배우고, 시간은 돈이라며 부지런해야 한다는 소리를 듣고 또 들었습니다. 아침에 늦게 일어나거나 오늘 할 일을 내일로 미루면 안 된다는 이야기도 수없이 들었지요. 젊었을 때 개미처럼 일해야만 여름에 놀다가 굶어 죽은 베짱이처럼 되지 않는다고, 그래야 노년이 편안하다고 반복해서 되새겼습니다.

물론 동서양에서 전해지는 옛날이야기에는 빈둥거리던 게으름뱅이가 어떤 계기로 고난을 극복하고 왕이 되거나 부자가 되는 경우도 많습니다. 《아라비안나이트》에 나오는 알라딘이 그랬지요. 가난한 재단사의 아들인 심술쟁이 알라딘은 아침 일찍 밖으로 나가 하루 종일 거리에서 자기보다 나이가 어린 소매치기들과 노는 건달이었습니다. 이런 알라딘이 문지르면 소원을 이뤄주는 요술램프를 기막힌 방식으로 차지해 큰 부자가 되고 아름다운 공주를 얻습니다.

《이솝우화》에서 베짱이는 열심히 일하는 개미와 달리 풀숲에서 노래만 하는 게으름뱅이로 그려집니다. 그러나 실제 베짱이가 게을러서 굶어 죽는 건 아닙니다. 발성기관을 가진 베짱이는 먹을 것과 따뜻한 집이 있어도 오래 살 수 없습니다. 수명이 겨우 3~4개월이니까요. 단 3개월만 살 수 있다면, 그 누구라도 죽도록 일하기보다 노래를 부르며 하고픈 일을 하다가 죽을 겁니다. 게다가 개미와 달리 혼자 움직이는 베짱이는 스스로를 지키고 자손을 키우지도 않기에 자신이 먹을 것만 모으면 됩니다. 개미처럼 죽도록 일하고 저축해야 할 필요가 없는 거지요.

근면의 상징인 개미가 부지런해서 겨울을 난다는 것도 과학적 사실이 아닙니다. 정교한 조직사회를 가진 개미들은 1년 정도 삽니다. 사회적 동물로 수많은 군락을 이루는 개미는 집단에 필요한 활동을 하지요. 집을 지키고 식량을 모으고 후손을 키웁니다. 먹을 것을 많이 모아도 자신을 위해 쓰는 것이 아니라 집단과 후손의 훗날을 위해 저장합니다. 그러나 부지런함을 상징하는 개미나 일벌이 낮의 20퍼센트만 일한다는 사실은 잘 알려져 있지 않습니다. 개미와 일벌은 나머지 시간에는 아무것도 하지 않고 그야말로 빈둥거리는 진정한 게으름뱅이입니다만.

달리기경주에서 잠시 낮잠을 자서 패배자가 된 토끼는 한눈을 팔거나 빈둥대지 말라는 교훈을 가르치는 데 동원됩니다. 토끼는 "천천히, 꾸준히 노력하는 자가 승리한다"는 이미지를 가진 거북이와 비교되는 굴욕을 당하지요. 그러나 게으름이 나쁜 결과를 가져온다고 알려 주기 위해서가 아니라면, 어떻게 느림보인 거북이가 달리기 선수인 토끼에게 이길 수 있겠습니까? 토끼는 '더 많이 일하고 덜 자라'는 근면의 규칙을 어기고 중도에 잠을 자서 지게 된 겁니다. 토끼와 거북이의 이야기와 개미와 베짱이의 우화는 아이들에게 사회구성원으로 필요한 가치와 지침을 가르치는 좋은 수단입니다. 그 결과로 충분히 자야 할 아이들이 잠이 부족해지는 해악이 생겼습니다.

잠자는 것을 시간 낭비로 여긴 대표적인 인물은 미국의 에디슨입니다. 그는 시간과 기회를 빼앗는 잠을 비생산적이며 무익하다고 생각했고, 그래서 매일 다섯 시간만 잤다고 알려졌습니다. 발명왕을 존경하고 그처럼 훌륭한 사람이 되고픈 많은 아이들이 그를 따라 잠을 줄였습니다. 더구나 에디슨은 백열전구를 발명해 밤에도 일하고 공부할 수 있게 만들었습니다. 24시간이 대낮처럼 환한 세상에서 일하지 않고 더 자는 것은 게으른 것으로 간주됐습니다.

깡충깡충 뛰는 본능을 가진 토끼는 아마 낮잠을 자고 휴식을 해야만 달리는 동물인지도 모릅니다. 토끼가 달리는 도중에 잠시 쉰 것은 게을러서가 아니라 몸을 추슬러 이기려는 본능적인 행동일 수 있습니다. 제2차 세계대전 중 국민들에게 '피와 땀'을 요구한 영국의 수상 윈스턴 처칠은 낮잠을 장려했습니다. 그는 낮잠을 자면 오히려 더 많은 일을 할 수 있다고 주장했습니다. 잠을 자면 일을 적게 한다는 생각은 상상력이 없는 사람들의 어리석은 생각이라고 말했습니다. 더 일하기 위해 낮잠을 잘 필요가 있다는 거지요. 토끼도 그런 걸까요?

처칠의 말처럼 더 일하기 위해 게으를 필요가 있습니다. 세상에는 게을러서 건강하게 오래 사는 동물이 많습니다. 악어와 거북이가 그렇습니다. 분주한 동물이 게으른 동물보다 일찍 죽는다는 사실은 이미 18세기에 밝혀졌습니다. 동물학자들의 연구에 따르면, 부지런하게 움직이는 새와 생쥐는 에너지 소비가 높은 반면 느리게 움직이는 거북이와 악어는 에너지를 절약합니다. 늘 몸을 재게 움직이는 쥐의 평균수명이 약 4년인데 비해 느린 거북이의 평균수명은 250년이나 됩니다. 오래 사는 것이 최선은 아니지만 일찍 죽는 것도 좋을 건 없습니다.

오래 살고 건강하게 사는 것이 주요한 명제가 된 20세기 후반에는 게으름을 찬양하는 사람이 나타났습니다. 게으름을 가장 혹독하게 비판한 서구사회에서 게으름을 미화하는 움직임이 등장했지요. 주목할 것은 성공하거나 부유한 사람들이 덜 빠르게 움직이고 덜 일하는 생활을 게으름으로 치장해 멋을 담아 부른다는 겁니다. 하지만 거의 모든 사람이 베짱이처럼 놀고 싶지만 놀 수 없거나 게으르다는 소리를 듣지 않으려고 열심히 일합니다. 이 책의 5장에서 말하는 것처럼, 사실 오늘날 사람들을 게으르지 못하게 떠미는 것은 더 많은 것을 가지려는 우리들의 욕망입니다.

'게으름은 나쁘다'는 인식이 우리 무의식에 견고하게 자리를 잡고 있습니다. 이제 게으름을 보이지 않는 영역에서 열린 공간으로 끌어내 그 정체를 들여다볼 것입니다. 이 책은 일하지 말고 게으르게 놀자고 섣부르게 부추기지 않습니다. 동서양에서 게으름의 탄생과 성장 과정을 따라가면서 남에게 휘둘리지 않고 자기운명을 스스로 능동적으로 이끌어가는 길을 생각해보려는 겁니다.

다시 말하면 이 책은 남이 아니라 자기가 일하고 노는 시간을 조절해 지금보다 시간과 마음을 보다 여유롭게 쓰자고 제안합니다. 욕망을 적절하게 다스리면서요. "노세, 노세. 젊어서 놀아!"라면서 마치 내일 죽을 것처럼 하루 종일, 1년 365일을 놀기만 하는 사람이 많아도 안 되겠지만, 마치 천년을 살 것처럼 일만 하고 돈만 모으는 사람이 넘쳐나는 사회도 건전하진 않으니까요. 오늘날의 각박한 세상에는 일벌레보다 인간이 많아야 합니다.

게으름은 하늘의 선물 이 책은 수많은 우화외
대 산업사회의 기반이 된 이래 게으름을
녕!》《게으름 퇴치법》 같은 제목을 단 책들
려줍니다. 여기서 게으름은 쫓아내야 할 'ㄴ
양하는 책도 아주 많습니다. 20세기 전부
는 당시 사회를 향해 게으르게 살 것을 권진
래 살려면 게으름을 즐겨라》《게으름을 따
이   여   유   롭 **시간은 돈** 게 게으름을 *
사와 문화에 대해 생각해봅니다. 그동안 5
한 학문적인 연구는 거의 없습니다. 동서잉
이 게으름은 어떤 의미를 가지고 어떻게 ㅋ

02

서양의 게으름 *

처럼 게으르면 가난해진다거나 게으른 자는 성공할 수 없다는 교훈을 말하지 않습니다. 근면이 근
심히 살라고 일러주는 책은 이미 많**일하지 않는 자 먹지도 말라**이 나왔습니다. 《게으름이여, 안
으르다고 죄책감을 가진 이들에게 마치 악마를 쫓아내는 주술사처럼 게으름을 퇴치하는 방법을 일
입니다. 그렇다고 이 책은 약간의 멋과 여유로움을 담아서 게으름을 찬양하지 않습니다. 게으름을 찬
학자 러셀Bertrand **게으를 수 있는 권리** Russell이 펴낸 《게으름에 대한 찬양》은 열심히 일하
금도 활동하는 '느림의 철학자' 쌍소Poerre Sansot도 게으른 생활을 권유합니다. 서구에서 나온 《오
ㄴ 법》《게으름의 즐거움》 같은 책들은 모두 러셀과 쌍소처럼 사회적으로 어느 정도 성공한 사람들
입니다. 저는 이 책에서 게으름이 나쁘다고 여겨지고 게으른 행동에 죄책감을 갖도록 부추기는 역
들은 부정적인 의미를 가진 게으름을 주목하지 않았습니다. 그래서 게으름 **압생트와 홍차**에   대
고고학적으로 살펴보려던 본래 계획이 다소 어긋난 것도 발굴된 기록이 많지 않기 때문입니다. 이 책
는지를 추적하면서 게으름을 자책하는 사람들에게 약간의 해방감을 주길 희망합니다. 게으름이 '나

*

게으름은 하늘의 선물

오늘날 게으름은 육체적인 노동과 연계되면서 일을 하지 않거나 일을 덜 하는 것을 지칭합니다. 1장에서도 언급했듯이 이 세상에서 가장 열심히 일하는 동물은 아무래도 개미일 겁니다. 개미가 게으름의 적이자 근면의 상징이 된 것은 아주 오래전입니다. 《구약성경》에 "개미에게 가라, 이 게으름뱅이. 개미의 방식을 생각하고 현명해져라. 지도자나 감독 없이 여름에 생산하고 가을에 식량을 거두는 개미를 보라"는 구절이 나오기도 합니다.

2500년 전 그리스에서 나온 유명한 우화 '개미와 베짱이'도 오늘 열심히 일해야 내일 먹을 수 있다는 교훈을 전해주며 노동을 찬양하고 게으름을 경계합니다. 열심히 일한 개미를 칭송하고 그늘에서 노래하며 여름을 보낸 베짱이를 게으르다고 비판하지요. '개미와 베짱이'의 가장 오래된 버전은 겨우 다섯 줄짜리 우화였으나 게으름이 빈곤을 초래한다는 걸 강조한 이야기는 뼈와 살을 붙이며 오늘날까지 생생하게 이어집니다. 우리나라에는 1890년대 나온 교과서에 이 이야기가 처음으로 아이들에게 소개됐지요.

　시대에 따라 달라진 어떤 버전에선 배고픈 베짱이가 개미에게 먹을 것을 나눠 달라고 하자 개미가 묻습니다. "근데 당신은 여름에 무엇을 했나요?" 그리곤 베짱이에게 냉정하게 말을 잇습니다. "겨울에 먹을 양식을 마련하지 않고 여름을 노래하며 즐겁게 보냈으니 겨울에도 그렇게 지내세요." 개미가 추운 겨울을 잘 지낼 수 있는 것은 여름에 놀지 않고 열심히 일하고 절약했기 때문이라는 교훈 이야기는 게으름이 가난과 불행을 가져오지만 근면이 안전과 행복을 보장한다는 것을 알려주며 계속 진화했습니다.

　서양에서 언제나 근면이 강조되고 게으름이 멸시된 건 아니었습니다. 구약에 등장하는 여호와는 6일을 일하고 하루는 휴식을 취했습니다. 7년마다 안식년을 지키라는 지시를 받은 유대인은 안식년이 되면 땅을 경작하지 않고 부채를 면제해주며 노예를 해방시켰습니다. 《구약성경》의 〈집회서集會書〉도 "학자가 지혜를 쌓으려면 여가를 가져야 한다. 사람은 하는 일이 적어야 현명해진다"라고 전합니다. "저 꽃들이 어떻게 자라는가 생각하라. 저들은 수고하지 않고 길쌈도 하지 않는다. 그러나 온갖 영화를 누린 솔로몬도 결코 이 꽃만큼 화려하게 차려입진 못했다." 예수의 '산상수훈山上垂訓'에도 수고하고 길쌈하지 않는 게으름을 칭찬하는 내용이 들어 있습니다.

시인들이 게으름을 찬양한 것을 보면 고대 그리스인들은 일을 싫어한 모양입니다. 서양 최고의 서사시로 일컬어지는 《일리아스》와 《오디세이아》의 저자인 그리스의 작가 호메로스는 인간을 미워한 신이 앙심을 품고 인간을 고생시킨다고 했습니다. 일하는 것을 벌로 여긴 것이지요. 전성기의 그리스 도시국가 타렌툼Tarentum은 일하는 날보다 축일祝日이 더 많았다고 합니다. 마케도니아의 장군 안티파트로스Antipatros는 "우리 조상들처럼 살아가자. 일하지 않아도 여신들이 거저 주는 선물을 즐기세"라고 말했습니다. 아테네에서도 축제가 1년에 50~60일이나 됐습니다.

그리스의 철학자들도 노동을 경멸했습니다. 노동이 자유인을 타락시킨다고 가르쳤지요. 로마 제정기의 스토아학자 세네카Seneca는 그리스의 철학자들이 "게으른 삶을 살지 않았다. 그들은 자신들의 휴식이 다른 사람들의 바쁘고 부지런한 생활보다 더 도움이 된다는 걸 알았다"고 했습니다. 아리스토텔레스도 게으름을 우주의 원리라고 여겼습니다. 게으름이 일하는 것보다 좋은 가치라고 생각한 그는 신체활동과 임금을 받는 노동이 사고를 떨어뜨리는 천한 것이라고 생각했습니다. 그는 《정치학》에서 농부, 수공업자, 노동자를 어리석은 바보로, 그리고 "완벽한 시민은 미덕을 키우고 정치적 행동을 하기 위해 여유가 필요하므로 농부가 되어서는 안 된다"고 했습니다. 사실 성

* 폼페이에서 발견된 로마 귀족의
연회를 표현한 그림

숙한 그리스 문화와 민주정치는 여유로운 자유민 없이는 불가능했고, 자유민의 삶은 노예 없이는 불가능했습니다. 노동을 중하게 여기지 않은 아테네 시민을 대신해 노예가 모든 일을 담당했습니다.

　"진정 자유로운 사람이란 언젠가 한번쯤은 그냥 아무것도 하지 않고 빈둥거릴 수 있는 사람이다"고 주장한 사람은 로마의 키케로Cicero였습니다. 로마공화정 시대의 정치가이자 웅변가인 키케로는 《의무론》에서 "자신의 수고와 근면을 팔아넘기는 행태는 천박하고 혐오스러운 짓이다. 돈 때문에 자신의 수고를 제공하는 것은 자신을 파는 것이며 노예로 만드는 것"이라고 주장했습니다.

　키케로의 나라 로마에는 '그리스의 여유'라는 말이 있었습니다. 로마 초기에는 이 말이 부정적으로 쓰였지요. 농사일을 하지 않고 시민의 의무를 다하지 않으며 놀러 다니는 시민의 비생산적인 삶을 '그리스의 여유'에 빗댔습니다. 그러나 국가가 강성해지고 노는 것이 중요해지면서 로마에서도 육체노동이 낮은 평가를 받게 됐습니다. 생산의 의무가 없는 시민이라면 부자는 물론 가난한 사람도 게으름을 피웠습니다.

로마의 생산 활동은 그리스의 아테네에서처럼 수십만 명의 노예가 맡았습니다. 시민들에게 여가와 게으름을 선물해 준 노예들은 감독의 채찍을 받으며 올리브와 포도나무를 키우며 경제를 일궜습니다. 집안일을 하는 노예도 많았지요. 로마의 노예들은 주로 전쟁에서 데려왔습니다. 영어로 시저라고 불리는 카이사르는 갈리아를 정복하고 노예 100만 명을 얻었다고 합니다. 게으르고 유유자적하는 로마의 시민을 위해 노예들이 일을 다 떠맡았습니다.

너른 영토와 풍성한 부를 가진 로마제국 시민들은 콜로세움 같은 경기장에서 많은 시간을 보냈습니다. 공공목욕탕에서 많은 시민들이 오후 두 시부터 목욕을 즐겼다고 합니다. 로마 시대에는 휴일이 많았습니다. 휴일은 기도를 하고 축제를 벌이는 날이었습니다. 로마에서 재판이나 공공업무가 시행되지 않는 공휴일은 2~3세기에 200일이나 됐습니다. 물론 노예는 휴일을 누리지 못했습니다. 노예의 인격은 부정됐으니까요.

노예를 부린 그리스인과 로마인은 노동에 가치를 두지 않았으나 기독교가 등장하면서 게으름이 비판을 받고 원죄를 가진 인간이 노동을 하는 것이 바람직하다고 여기게 됐습니다. "하늘은 스스로 돕는 자를 돕는다"라는 유명한 경구를 만들어 근면과 노력을 강조하면서 게으름을 극도로 혐오한 19세기 영국의 작가 사무엘 스마일스Samuel Smiles는 로마인이 노동을 노예들의 일이라며 경멸하고 모든 분야에 노예를 이용하면서 나태해져 결국 몰락했다고 주장했습니다.

> 인간의 마음은 맷돌과 같다. 맷돌 위에 곡식을 쏟아부으면 맷돌이 돌면서 곡식을 부수고 빻아 가루로 만들지만, 곡식을 넣지 않은 맷돌은 돌면서 맷돌 자체를 부수어 얇고 작아지게 만든다. 인간의 마음도 이와 같아서 할 일이 없으면 악마가 유혹이나 우울과 슬픔을 쏟아부을 것이고, 마음이 약해지고 약해진 많은 사람이 괴로움으로 죽는다.

종교개혁을 주장한 독일의 신학자 마틴 루터는 "게으른 자의 머리는 악마의 일터"라고 말했습니다. 이 말에서 기독교의 게으름에는 정신적 게으름이 포함되는 걸 짐작할 수 있습니다. 서양의 중세 초기에는 게으름이 그 사람의 내면을 반영하는 것으로 생각했습니다. 심각하지 않은 정신질환을 게으름의 한 증상으로 여겼고요. 정신적으로 방황하는 사람들은 신에게 헌신하면서 마음의 평화를 얻었지요. 즉 헌신하는 것이 정신적인 근면을 뜻했습니다.

　종교개혁으로 프로테스탄트가 등장하고 산업혁명이 일어나면서 유럽에서 게으름을 긍정적으로 보던 관점은 거의 다 사라졌습니다. 축제처럼 즐기던 고대와 중세의 휴일도 줄어들었고요. 그래도 중세까지는 일을 하지 않는 휴가가 적지 않았으나 종교개혁 이후에는 사정이 달라졌습니다. "일찍 일어나는 새가 많은 벌레를 잡는다"고 믿은 프로테스탄트들은 노는 것을 반대하고 일을 많이 하는 걸 미덕으로 여겼습니다. 심지어 크리스마스도 사라졌지요.

　줄었던 휴일이 다시 는 것은 18세기 이후였습니다. 자본주의가 발달하면서 세속적인 휴가가 등장한 겁니다. 이때 생긴 휴가는 사람들에게 휴식을 주기 위해 만들어진 것이 아니라 경제를 활성화하기 위해 도입됐습니다. 휴가기간에 노동자들이 아무것도 하지 않으면 경제가 돌아가지 않으므로 노동자들이 돈을 쓰도록 기획된 거지요. 휴가를 받은 사람들은 게으름을 부리는 것이 아니라 경제와 국가의 발전을 위해 기차를 타고 리조트에 놀러가거나 극장이나 전람회에 가서 돈을 쓰며 부지런히 움직였습니다.

일하지 않는 자 먹지도 말라

게으름은 근대 서양에서 큰 비난을 받았습니다. 노동과 근면을 강조한 것도 그때 그곳이었지요. 서양 문화가 기독교에 뿌리를 두고 있다는 것은 부인할 수 없는 사실입니다. 《성경》에는 게으름에 대한 이야기가 아주 많습니다. 주로 게으른 자를 경고하고 일하는 것을 강조하는 내용이지요. "일하지 않는 자는 먹지도 말라." 사도 바울은 데살로니가 사람들에게 보낸 두 번째 편지에서 그렇게 적었습니다. 먹기 위해 열심히 일하라는 뜻을 담고 있습니다.

기독교에서는 뱀이 아담과 이브에게 물질적인 욕망을 일깨웠고, 그래서 인간은 수고와 노동이라는 저주를 받게 됐다고 믿습니다. 노동이 없던 낙원의 삶에서 쫓겨난 아담과 이브는 각기 땀을 흘리며 농사를 짓는 고통과 어린아이를 낳는 고통을 지게 됐지요. 〈창세기〉에는 "너는 죽도록 고생해야 먹고 살리라. 들에서 나는 곡식을 먹어야 할 터인데, 땅은 가시덤불과 엉겅퀴를 내리라. 너는 흙에서 난 몸이니 흙으로 돌아가기까지 이마에 땀을 흘려야 낟알을 얻어먹으리라"라는 대목이 나옵니다.

기독교인들은 근면을 강조합니다. 그들에게 근면은 자신이 아니라 신을 위해서입니다. 열심히 일하면 신에게 더 가까이

＊ 게으름의 상징, 염소
윌리엄 홀만 헌트William Holman Hunt의 '속죄염소'(19세기)

갈 수 있다고 믿지요. 즉 하늘나라에 들어가는 걸 의미합니다. 신은 정의롭기 때문에 열심히 일한 자에게 죽은 뒤에 천국에서 보상을 주기 때문입니다. 수고한 자에게 신이 내리는 은총은 천국에서 일하지 않고도 많이 먹는 것입니다. 그것이 바로 낙원이지요. 그러므로 현세의 게으름과 가난도 신의 선택을 받지 못한 것으로 간주됐습니다.

성경에는 나태하거나 게으른 자를 염소로 분류합니다. 서양 회화에서 게으름을 상징하는 동물도 게걸스럽게 먹고 농장과 집을 망가뜨리는 염소였습니다. 《구약성경》에서는 양을 '복받을 자'라고 부르지만, 염소는 '저주받을 자'라고 여깁니다. 염소와는 다른 의미에서 게으름뱅이로 불리는 동물은 영어로 나태sloth와 같은 이름을 가진 나무늘보입니다. 그는 부지런한 동물이지만 오명을 가지게 됐습니다. 다음은 나태를 나쁘게 여기고 노동을 강조한 루터의 말입니다.

노동이 사람을 죽이는 경우는 없다. 빈둥거리며 지내는 것은 신체와 생명을 망친다. 새가 날기 위해 태어난 것처럼 인간은 노동을 위해 태어났다.

근면을 강조하는 기독교에서 게으름을 비판하는 건 당연한 귀결입니다. 게으름은 신의 목적을 어기는 것이니까요. 게으름은 신에게 헌신하지 않는 것, 신앙이 부족한 걸 뜻합니다. 곧 '악'과 비슷하게 간주됩니다. 교회가 큰 힘을 가진 중세에는 움직이지 않거나 노력하지 않는 것을 게으름이라고 판단했고, 게으름은 영혼의 가장 큰 적으로 여겨졌습니다. 영혼은 깨끗하지만 욕망과 분리되지 않는 육체는 영혼의 작용을 방해한다고 생각했습니다. 그래서 중세의 교회는 육체를 기독교적 규범에 적용했고 금욕과 노동을 강조했습니다.

590년에 선출된 교황 그레고리우스 1세는 "육체는 영혼의 불쾌한 옷"이라고까지 했습니다. 중세 때는 육체가 꺼림칙한 존재이기에 성스러운 교회가 육체를 통제해 신의 뜻에 들게 한다고 여겼습니다. 육체가 게으르지 않도록 단속하는 것이 필요했고, 노동이 장려됐지요. 건전한 신체에 건전한 정신이 깃들듯이 수도사들은 게으름을 부리지 않고 끊임없이 일을 해서 몸과 마음을 단련할 수 있다고 여겼습니다.

13세기 정편 서사시 《신곡》을 쓴 이탈리아의 시인이자 예언자인 단테는 "나태를 전심으로 신을 사랑하는 데 실패한 것"으로 정의했습니다. 1995년 개봉된 데이비드 핀처 감독의 미국 영화 〈세븐〉은 단테의 《신곡》과 초서Geoffrey Chaucer의 《캔터베리 이야기》를 근거로 살인을 저지르는 범인을 다뤘습니다. 성서에 나오는 7대 죄악을 저지른 사람들이 살인을 당하는데, 거기에 나태한 자가 포함됐습니다. 영화에서는 마약에 찌든 남자가 나태함의 표본으로 살해됩니다.

　독일의 사회과학자 막스 베버는 《프로테스탄티즘의 윤리와 자본주의의 정신》에서 노동을 강조하는 프로테스탄티즘의 윤리가 근대 자본주의 정신을 키웠다고 주장했습니다. 자본주의 정신은 종교개혁 이후 생겨난 프로테스탄트 윤리, 즉 일찍 자고 일찍 일어나며, 일하면 건강하다고 여기고, 게으름을 악으로 판단하고 근면을 덕으로 받아들이는 성향과 무관하지 않다는 겁니다.

　베버의 책에 따르면, 근대 자본주의는 루터의 뒤를 이어 나타난 장 칼뱅Jean Calvin의 신학을 인정한 국가에서 발전했습니다. 칼뱅의 예정설, 소명설은 신이 내세에 구제할 인간을 미리 정하고, 그래서 이승에서 아무리 선행을 쌓아도 바꿀 수 없다고 말합니다. 그러나 칼뱅주의 프로테스탄트들은 더 열심히 일하고 선행을 쌓으면 '전능하신 신'이 끊임없이 노력하는 인간을 구제하리라 믿었습니다.

　칼뱅주의 프로테스탄트들은 특히 부지런히 일하는 것을 중요하게 여겼습니다. 세속의 직업을 신이 개인에게 부여한 소명으로 생각했기 때문이지요. 칼뱅은 게으름을 가장 위험한 악으로 여겼습니다. 베버는 칼뱅의 소명설이 큰 영향을 준 지역에서 자본주의가 나타났다고 말했습니다. 칼뱅주의가 강한 네덜란드, 영국, 미국에서는 자본주의가 발달했으나 이탈리아와 스페인 같은 가톨릭 국가들과 루터주의가 강한 독일에서는 자본주의가 더뎠다고 보았습니다.

프로테스탄트들은 직업을 '소명'으로 받아들이며 노동을 신에게 봉사하는 길이라고 생각했습니다. 게으름을 떨쳐버리고 근면성실하게 자신의 직분에 최선을 다할 때 천국에 들어간다고 여긴 그들은 금욕을 중요하게 여기고 저축을 미덕으로 여겼습니다. 베버는 열심히 일하고 소비를 억제하며 절약한 그들이 자본을 형성했고, 소비의 억제가 자본의 생산적 투자로 이어지고 소비를 증가시키면서 자본주의가 발달했다고 파악했습니다.

산업혁명 이후 자본을 갖고 공장을 세운 공장주와 자신의 노동력을 팔아 생계를 유지하는 임금노동자가 생겨났습니다. 공장에서 기계가 대량생산을 하면서 파산한 가내수공업자나 농촌에서 도시로 이주한 가난한 농민들이 노동자가 됐지요. 이들은 생계를 위해 임금을 받고 노동을 했습니다. 칼뱅은 신이 게으른 자가 빵을 먹는 걸 저주한다고 가르쳤으나 당시 노동자들은 돈은 적게 받고 오래도록 열심히 일해도 가난을 벗어나지 못했습니다.

노동을 제공하고 임금을 받는 소위 직업은 소수의 지배계급이 자신들을 위해 고안해냈다고도 말할 수 있습니다. 증기기관이 나오기 이전의 영국에서는 근면이 지상제일의 덕목은 아

※ 근대 산업화 시기 공장에서 일하는 아이들. 그들은 열심히 일했지만 가난했다

니었습니다. 기계가 등장하면서 인간이 기계에게 밀리자 근면을 더욱 강조하게 됐습니다. 노동자들은 하루의 업무는 물론 업무를 끝내고 사용하는 휴식까지 통제를 받게 됐습니다. 기술문명이 인간을 고된 노동에서 해방시킬 것이라고 기대한 사람도 있었으나 상황은 다른 방향으로 흘렀습니다.

자본주의가 발전하면서 돈과 힘을 가진 부르주아들은 임금을 받는 노동자들이 게으름을 피운다고 불평했습니다. 게으름을 피우거나 시간을 낭비하는 일은 금지됐고 휴식도 다음 날 일을 더 잘하기 위한 준비로 여겨졌습니다. 게으름이 비난받고 열심히 일하는 것이 장려되면서 나쁜 노동조건과 과로로 병에 걸리거나 죽는 노동자도 많아졌습니다. 1840년 영국의 리버풀

지역에 거주한 노동자들의 평균수명은 겨우 15세였습니다.

자본주의가 발전한 영국뿐 아니라 프로테스탄트의 윤리가 강하지 않던 독일에서도 열심히 일하지 않는 상태를 게으름으로 여기는 관점이 생겼습니다. 그림 형제도 1862년에 펴낸《독일어사전》에서 "한량은 15세기 남부 독일 지방의 시민으로 수공업에 종사하지 않고 세를 받아서 생활하는 사람들을 지칭했다. 그 이외의 경우와 그 뒤에는 언제나 나쁜 의미로 쓰인다"고 설명합니다. 1999년《독일어 대사전》에서는 "활동에 종사하지 않고 무위도식하는 사람"이라고 설명하고 있지요.

열심히 일하지 않는 사람은 부정적인 평가를 받고 사회적 차별을 받았습니다. 1930년대 독일의 나치정부는 열심히 일하지 않고 자유롭게 살던 사회의 주변부, 즉 거지와 유랑인, 그리고 집시들을 강제수용소로 보냈습니다. 그들은 그곳에서 노동과 복종의 가치를 배워야 했습니다. 전해지는 이야기에 따르면, 아우슈비츠 수용소 입구에는 '노동이 우리를 자유롭게 한다Arbeit Macht Frei'는 글이 걸려 있었답니다. 일하지 않는 인간은 살 가치가 없다는 무서운 메시지입니다.

청교도적 정신으로 무장하고 신대륙으로 이동한 유럽인들이 자본주의를 발전시킨 것은 베버의 주장을 입증하는 것처럼 보입니다. 미국의 성공과 부상은 프로테스탄트들의 근면정신과 깊은 관련을 보이니까요. 새로운 곳에 정착한 청교도들은 신을 찬양하면서 절약과 근면을 최고의 가치로 여겼습니다. 낭비와 게으름은 경멸했습니다.

미국이 건설되던 18세기 중반 "건국의 아버지"로 불린 실업가 벤저민 프랭클린은 자본주의 정신을 설파한 대표적 인물입니다. 근면을 지불하지 않고는 아무것도 얻을 수 없다고 주장한 그는 스스로 근면하고 성실한 삶의 모범이 됐습니다. 그가 미국에서 게으름을 가장 증오한 사람이자 근면을 가장 강조한 사람으로 꼽히는 것은 이런 시대적 배경과 무관하지 않을 겁니다.

게으름은 녹과 같다. 쓰지 않는 자물쇠는 녹이 슬지만 늘 사용되는 자물쇠에서는 광이 난다. 일어나야 할 때 일어나지 않고 젊음을 믿고 정진하지 않으며 스스로를 비천하게 만들면 게을러서 지혜를 깨우치지 못할 것이다.

"시간은 금"이라며 시간을 아껴 쓰고 근면하라고 강조한 프랭클린은 게으름을 강하게 비판했습니다. 사람은 기계가 아니건만 녹이 슬게 하는 나태와 태만을 모든 실패의 시작이라고 여긴 그는 게으름만큼 해롭고 치명적인 습관은 없다고 주장했습니다. 게으름이 노동보다 심신을 더 소모시킨다고 믿은 프랭클린은 사람은 일찍 일어나야 건강하고 부유하고 지혜로워진다고 주장했습니다.

게으름이 나쁘다고 대중에게 보급해 덜 일하거나 늦잠을 잔 것까지 죄의식을 갖도록 만든 사람도 바로 프랭클린입니다. "게으름은 발걸음이 느려서 가난에게 금세 덜미를 잡힌다"며 게으름뱅이와 가난뱅이를 연계한 그는 "하루 노동으로 10실링을 버는 사람이 산책을 하거나 방안에서 한나절을 게으르게 보냈다면 6펜스밖에 쓰지 않았더라도 거기에 5실링을 더 지출한 것과 같다"는 이상한 셈법을 소개했습니다. 그에게 아무것도 하지 않는 것은 돈을 낭비하는 것이었지요.

자동차의 왕인 헨리 포드도 프랭클린 못지않은 게으름의 적이었습니다. 실업가인 그에게 게으름은 부지런함의 반의어였습니다. "일이 우리의 온전함이며 자존심이고, 구원이다. 일을 통해서만 건강, 부, 행복을 얻을 수 있다"고 당당하게 말한 포드는 게으른 자에게 문명은 없고, 게으른 사람은 행복할 기회를 막는 실패자라며 청교도적인 이상을 미국인에게 강조했습니다.

분주함이 유행처럼 퍼져 유럽을 황폐하게 만든다. 사람들은 이제 넋을 놓고 서두르며, 여유를 부끄러워한다. 고된 노동을 사랑하고 빠른 것, 새로운 것, 진기한 것을 추구하는 사람들이여, 그대들은 인내력이 부족하다. 그대들의 근면은 도피다. 자기를 망각하려는 의지다.

미국의 문화제국주의적 영향이 전 세계로 확대되면서 죽도록 일하지 않는 사람을 게으름뱅이라고 낙인찍는 분위기가 세상을 지배하게 됐습니다. 독일의 니체가 바쁘게 움직이는 것을 신대륙의 끔찍한 본질이라고 한 것은 이런 상황이었습니다. 그는 분주함이 유행처럼 퍼지고 "숨 돌릴 틈도 없이 성급하게 일하는 미국인들의 문화가 유럽까지 감염시키기 시작했다"고 개탄했습니다. 니체의 발언이 나온 것은 19세기 후반이었습니다.

미국은 점점 물질적 번영을 누렸습니다. 잘사는 중산층은 근면과 금욕으로 얻은 결과를 즐기기 시작했지요. 게으름을 다룬 우화도 시대에 따라 달라졌습니다. 1934년에 나온 월트디즈니의 만화영화 〈개미와 베짱이〉에는 개미여왕이 등장합니다. 개미는 가난한 베짱이에게 조건을 내겁니다. 추운 겨울에 먹여주고 재워주는 대가로 베짱이에게 깡깡이를 연주하라고 요청하지요. 악기를 가진 베짱이는 게으름의 상징이었으나 열심히 일하고 휴식을 취하는 개미에게 깡깡이를 연주하면서 쓸모를 얻게 되고 그 대가로 살아남습니다.

게으를 수 있는 권리

마틴 루터는 농부들에게 "게으르거나 빈둥거리지 말고 일하라"며 그들의 의무를 일깨웠습니다. 거기에는 농민들과 노동자들의 게으름과 달리 '말하는' 자신들이 근면하다는 전제가 깔려있습니다. 이처럼 게으름을 정해주는 계층은 권력과 돈을 가진 사람들입니다. 땅과 하인들을 많이 가진 귀족들은 개미처럼 일할 필요가 없었습니다. 일하지 않는 그들이 하인이나 농민들에게 게으르다고 말했지요. 게을러서 가난하다고 말하는 것도 힘을 가진 사람들이었습니다.

그러나 게으름은 가진 자의 특징이었습니다. 귀족들과 지배층은 일을 하지 않으니까요. 그들은 농장과 공장에서 일하는 노동자와 농민들이 노예처럼 열심히 일하지 않는 걸 게으름이라고 불렀습니다. "소년이여, 야망을 가져라!"고 외친, 19세기 영국의 비평가 토마스 칼라일Thomas Carlyle은 게으름을 비판하고 열심히 일하라고 설파했습니다. 신의 은총을 위해 끊임없이 노동하려는 야망이 부족한 농민과 노동자들을 게으르다고 여겼습니다. "게으른 어린이는 사악해진다"는 속담도 같은 뜻이었지요.

지배층의 입장으로 보면, 농민과 노동자가 가난한 근본적 원인이 게으름과 무절제한 생활습관이라고 말하는 것이 의무를 덜어줍니다. 18세기 영국의 시인이자 평론가인 새뮤얼 존슨 Samuel Johnson은 《영어 사전》에서 다음과 같이 말했습니다. "선에 대한 기대로 이끌리기보다 악에 대한 두려움에 쫓기고, 칭찬의 희망 없이 비난에 노출되고, 게으름 때문에 처벌받는 것이 낮은 직종에 종사하는 자들의 운명이다." 지배층은 낮은 직종에 종사하는 자들에게 열심히 일하지 않으면 신의 저주를 받는다고 일렀습니다.

20세기의 러셀은 노동이 인생의 목표가 아니라고 말했습니다. 러셀처럼 지배층, 타인에게 일을 시키는 사람들이 노동의 가치를 찬양하며 힘든 일을 미화할 수 있습니다. 직장 상사는 빈둥거려도 되지만, 말단 직원은 부지런해야 해고를 피합니다. 늦게 출근해도 괜찮고, 재빠르게 보고서를 작성하지 않고 게으름을 부려도 되는 사람은 권력을 가진 사람들입니다. 《소학》에서 증자曾子가 한 말을 인용하면, 게으를 수 없는 사람이나 부지런히 일하라는 명령을 받는 사람은 괴롭게 마련입니다.

영국의 산업혁명으로 힘을 가지게 된 자본가들, 곧 부르주아들은 임금노동자들이 노동을 강요당하는 걸 깨닫지 못하도록 교묘하게 근면성을 강조했습니다. "펭귄을 보세요. 펭귄은 날지 못합니다. 수세기에 걸친 게으름 때문에 날지 못하게 된 것이지요." 빅토리아시대의 도덕주의자들도 게으름이 사악하고 육체를 쇠약하게 만들어 퇴보한다고 가르쳤습니다. 작가와 정치인들도 그 가르침에 협력했고요. 노동을 강조하고 신성화하면서 노동자들이 얻는 이득을 부풀려 알렸습니다. 더 많이 일하면 더 많이 벌고, 더 많이 벌면 더 많이 가질 수 있다는 생각이 근면을 선호하게끔 이끌었습니다. 근면이 강조될수록 게으름은 악으로 단죄를 받았지요.

프랑스의 사회주의운동가이자 마르크스의 사위인 폴 라파르그Paul Lafargue는 1883년에 출간한 《게으를 수 있는 권리》라는 책에서 노동에 대한 기독교의 가르침을 공격했습니다. 자본주의가 노동계층을 통제한다는 것이지요. 그러면서 그는 "아! 게으름이여, 우리의 기나긴 불행을 동정하라"고 했습니다. 《보물섬》을 쓴 영국의 소설가 스티븐슨Robert Louis Balfour Stevenson도 〈게으른 자를 위한 변명An Apology for Idlers〉에서 "게으름이란 아무일도 하지 않는다는 뜻이 아니다. 지배 계급의 편협한 테두리 안에서 인정받지 못할 뿐이지 오히려 더 많은 일을 한다"며 이러한 기제를 간파했습니다.

러시아의 무정부주의자인 미하일 바쿠닌Mikhail Aleksandrovich Bakunin도 "노예는 다른 사람을 위해 일한다. 주인은 다른 사람의 노동으로 살아간다. 노예는 오늘날 임금을 받는 노동자들이다. 노예와 임금노동자의 차이는 후자가 그만둘 수 있다는 점이다. 더 명예롭고 덜 가혹하지만, 임금노동자는 노예와 같다"고 지적했습니다. 러셀이 지배자들이 생산자들에게 근면과 노동의 존엄성을 세뇌시키면서 자신들의 기반을 지속했다고 진단한 것도 같은 맥락이었습니다.

교회도 최후의 심판을 상기시키며 하층이 우둔한 상태에 머물러 있는 데 일조했습니다. "일하지 않는 자는 먹지도 말라"는 《성경》의 말씀은 기독교인의 좌우명이 됐습니다. 그들은 근면하고 절제하는 생활이 신을 찬송하고 섬기는 길이라고 여겼지요. 게으름이라는 악에 빠지면 직업적 소명을 다할 수 없다는 믿음도 강했습니다. 그들의 근면과 절제가 하층의 삶이 개선되도록 보장하지 않았습니다만.

게으름을 비난하고 근면한 자가 살아남는다는 교훈을 전하는 영국의 화가 윌리엄 호가스William Hogarth의 판화는 게으름이 도덕적으로나 육체적으로 사람을 쇠약하게 만든다는 믿음을 보여줍니다. 호가스는 근면함에 대한 당대의 가치관을 반영한 〈근면과 게으름〉이란 이름의 판화를 연작으로 발표했습니다. 1747년에 나온 '베 짜는 견습공'은 근면한 견습공이 부유한 상점 주인이 되고 게으른 견습공은 쫓겨나서 범죄에 휘말린다는 계몽적인 주제를 담았습니다.

자본주의가 발달하고 산업혁명이 일어나자 천한 사람들의 활동이던 노동이 새로운 의미를 갖게 됐습니다. 그러면서 열심

＊ 윌리엄 호가스의 연작 〈근면과 게으름〉

＊ "근면한 자가 성공한다!"
　〈근면과 게으름〉 가운데 '베 짜는 견습공'

히 일하지 않는 사람은 나쁜 사람이 됐지요. 게으름뱅이나 쓸모없는 사람은 문제를 가졌다고 비판을 받게 된 것입니다. '철혈정책'을 내놓은 독일의 비스마르크가 청년에게 "일하라, 더일하라, 끝까지 일하라"고 권유한 것도 그래서였습니다.

빅토리아시대 영국 중산층의 특징은 근면이었습니다. 근면이란 영어 단어 'Industry'는 산업을 의미합니다. 산업주의와 근면사상이 밀접한 관계를 가진다는 걸 알 수 있지요. 이 시대 활동한 토마스 칼라일은 노동의 가치를 강조하고 그것을 낭만적으로 포장했습니다. 청교도 가정에서 성장하고 에든버러 대학에서 공부한 그는 "인간은 일하기 위해 태어났다. 명상하거나 느끼거나 꿈꾸기 위해서 태어난 것이 아니다"고 주장하고, "게으르게 흘려보내는 모든 순간이 반역"이라고 말해 사람들을 일벌레로 만드는 데 기여했습니다.

앞서 언급한 노동의 의무와 근면을 강조한 새뮤얼 스마일스도 빅토리아시대의 인물입니다. 인간을 위대하게 만드는 것이 노동이라 여기고 "언제나 무엇이든 일을 하자"고 언급한 그는 잡담을 좋아하는 사람을 비난하고 그들을 게으름뱅이라고 경고했습니다. 스코틀랜드에서 목사의 아들로 태어나 프로테스탄트의 윤리를 익힌 스마일스가 게으름을 비판한 저서는 산업화를 추구한 모든 나라로 퍼져 널리 읽혔습니다. 그리고 21세기인 지금도 우리네 서점에서 당당하게 한자리를 차지하고 있습니다.

권력이나 금력을 가진 계층은 아래로부터의 반란을 두려워합니다. 생각하는 자는 일반적으로 반동이 될 가능성이 높다고 여겨집니다. 게으른 자는 생각하고 비판할 시간이 많고, 그래서 위험하다고 간주됐지요. 프로테스탄트들은 사람들이 깊은 생각을 하지 못하게 막았습니다. 사람들이 게으르지 않도록, 불온한 생각을 하지 않도록 끊임없이 일하게 만들었습니다. 그것이 그들이 강조하는 노동의 윤리였습니다.

"대개 행복하게 지내는 사람은 노력하는 사람이다. 게으름뱅이가 행복하게 사는 것을 보았는가? 노력의 결과로서 오는 어떤 성과의 기쁨 없이는 누구도 참된 행복을 누릴 수 없기 때문이다. 수확의 기쁨은 그 흘린 땀에 정비례하는 것이다." 신비주의 시인이자 화가로 영국 런던에서 태어나 이 무렵에 활동한 윌리엄 블레이크William Blake도 땀과 노력을 강조하는 시대적 논리에서 멀지 않았습니다.

힘의 논리는 오래갑니다. 지배층이 노동계층에게 장려한 "근면은 행운의 어머니"라는 금언은 생명력이 아주 길지요. "끊임없이 떨어지는 물방울이 돌을 뚫고, 근면함과 인내심을 가진 생쥐가 밧줄을 갉아서 두 동강을 낸다"라든지 "일하는 개가 게으름 피우는 사자보다 낫다"는 금언도 노동을 강조합니다. "잠자는 거인보다 일하는 난쟁이가 낫다"는 말도 노동력이

THE LEADER OF THE LUDDITES

＊ 노동의 윤리와 근면의 강조에 반대한 러다이트 운동의 지도자

필요한 계층이 낮은 계층 사람들을 세뇌시키는 말이었습니다.

세뇌되지 않은 자들에겐 오직 하나의 길만 있었습니다. 해고되어 일자리를 잃는 것이지요. 1835년 앤드류 우어Andrew Ure는 《제조의 철학》이라는 책에서 공장주들에게 게으름뱅이들을 다루는 법을 조언했습니다. 무책임하고 고집스런 노동자들의 습관을 제압하기 위해 노력하고, 개선의 여지가 없는 게으른 노동자들은 근무태만을 이유로 가차 없이 해고하라고요. 기독교도인 그의 입장은 분명했습니다. "일터에서 태만하게 군다면, 단순한 해고를 넘어서 지옥의 불꽃을 보게 될 것이다."

앞에서도 말했지만, 가난뱅이＝게으름뱅이라는 등식은 가진 자들에게 효과적인 구호가 됐습니다. 가난이 개인적인 게으름에서 기인한다고 여기고, 한 사회의 낙후성도 그 구성원의 나태와 천성적인 게으름이 주범으로 간주되면서 위의 책임은 없어지니까요. 4장에서 논의하겠지만, 이러한 관념이 유럽의 다른 세계에 대한 정복과 지배를 뒷받침했습니다. 노동을 신에 대한 봉사로 여기고, 게으름과 태만을 모든 악의 원천으로 보는 세상에서 힘없는 보통사람은 게으르고 싶은 욕망을 억제하고 열심히 일할 수밖에 없습니다.

자본가가 규정한 새로운 노동 윤리와 근면 강조에 반기를 들고 저항한 사람도 있습니다. 영국의 급진적 비밀결사 '러다이트Luddite 운동' 참가자들은 밤에 공장에 몰래 들어가 자신들을 실업자로 만든 기계를 파괴했습니다. 기계가 삶의 질을 파괴하자 기계를 부순 노동자들은 자본가와 그들을 지지한 정부에게 탄압받았습니다. 그들을 지지한 시인 바이런이 1807년에 발표한 첫 시집의 제목이 《나태한 나날》인 것은 의미가 큽니다.

> 게으름이여, 이제 너를 위해
> 작은 찬가를 지으려 하노라.
> 오! 품위를 갖춰 너를 노래하는 것이
> 얼마나 귀찮은지.
> 하지만 최선은 다하겠다.
> 일이 끝난 뒤의 휴식은 달콤하니까.

독일의 시인 토마스 만Thomas Mann이 쓴 위 시도 게으름을 찬양합니다. 그는 12년에 걸쳐 완성한 장편소설 《마의 산Der Zauberberg》에서도 게으름뱅이를 주인공으로 삼았습니다. 조선공학을 공부한 주인공 한스 카스토르프는 폐병을 치료하기 위해 알프스 다보스의 요양원에 머뭅니다. 병이 나은 뒤에도 7년을 그곳에 더 머문 카스토르프는 분주한 자본주의적 사회를 멸시하면서 허송세월을 보냅니다. 19세기 후반에는 프랑스문학도 한가로움을 많이 언급했다고 알려집니다. 시계와 다투는 바쁜 시대에 대한 반동이었지요.

국가와 사회를 위해서 몸을 바쳐 일하는 풍조가 장려되면서 과로를 수반하는 문화가 생겼습니다. 학자들의 연구에 따르면, 산업혁명 이전에는 노동자들이 과로를 하지 않았다고 합니다. 각자가 필요한 만큼 일하면 됐지요. 열심히 일할 때도 있지만 덜 일할 때도 있었습니다. 직업에 따라, 개인의 필요에 따라 열 시간을 일하는 사람도 있고, 하루에 한 시간만 일하는 사람도 있었습니다. 산업혁명 이후 임금을 받는 노동자는 모두 열심히 일하는 것으로 표준화됩니다.

영국의 역사학자 E. P. 톰슨은 《영국 노동계급의 형성The Making of the English Working Class》에서 더 일하는 것이 산업혁명의 영향으로 생겨났다고 알려줍니다. 그 이전의 영국에서 일은 오늘날처럼 구조적이지 않았고, 훨씬 유연했다는 거죠. 즉 특정한 고용주에게 매여 다른 돈벌이를 할 수 없는 시스템이 아니라 상당한 자율성을 가졌습니다. 톰슨은 직조공을 예로 들었습니다. "직조공들은 자신의 의지대로 일하는 시간을 조절했고, 여가시간에는 땅을 조금 빌려 농사를 지었다. 여가시간도 자신이 선택할 수 있었다. 마음이 내키는 때 내키는 시간만큼 옷감을 짜는(직조) 일을 하는 게 가능했다. 그들은 과로할 필요가 없었다. 자신들이 선택한 만큼 일했으나 필요한 만큼의 소득을 올릴 수 있었다." 독립적인 직조공들은 제작과정을 스스로 관리했습니다.

유한한 세상에서 무한 노동을 강조하는 것은 비극이 아닐 수 없습니다. 인간의 본성은 노동을 싫어합니다. 한 평짜리 자신의 방을 청소하거나 눈 온 날 자기 집 앞을 쓰는 것도 싫어하는 사람이 많으니까요. 그런데도 19세기 유럽의 지배자들은 학자와 성직자들과 손잡고 노동을 사랑하고 일에 대한 열정을 가지라고 하층민을 부추겼습니다. 끊임없이 근로와 근면의 아름다움을 칭송했고 열심히 일하는 것을 애국과 연결했습니다.

시간은 돈

근대 사회는 프로테스탄티즘에서 말하는 근면의 바탕인 시간의 절약을 강조했습니다. 노동시간이 임금을 결정하는 데 중요해지자 귀중한 시간을 낭비하는 것은 죄악이 됐습니다. 일찍이 헤라클레이토스와 파스칼은 사람은 흐르는 강물에 결코 두 번 몸을 담글 수 없다며 시간의 되돌릴 수 없음과 중요성을 강조했는데, 그 시간을 낭비하는 게으름이야말로 죄악이자 영적 타락으로 여겨졌지요.

시간을 낭비하지 않고 쓸 수 있는 방법 가운데선 잠을 줄이고 일찍 일어나는 것이 최선으로 여겨졌습니다. 게으름을 사랑하는 사람들은 '일은 덜하고 잠은 더 많이 자라'고 생각하지만, 게으름을 미워하는 사람들은 "잠을 덜 자고 일을 더 하라"고 부추깁니다. 이런 차이가 비극의 시작이었습니다. "잠을 좋아 하면 가난해진다. 잠자지 않고 일하면 배고픈 줄을 모르리라." 게으름을 저주한 프랭클린은 잠잘 시간은 무덤에서 충분하다 고 말해 잠꾸러기들을 죄책감으로 몰아넣었습니다.

기독교에서는 잠에 대한 죄의식을 지속적으로 전파했습니 다. 잠언에는 늦잠의 해악이 이렇게 언급됐습니다. "게으른 자 여, 네가 어느 때까지 누워있겠느냐. 네가 어느 때에 잠이 깨어 일어나겠느냐. 좀 더 자자, 좀 더 졸자, 손을 모으고 좀 더 손을 모으고 좀 더 누워 있자고 하면 네 빈궁이 강도와 같이 오며, 네 곤핍이 군사와 같이 이르리라." 잠을 많이 자는 사람은 가난 하고, 게으른 자도 가난하다는 주장이 나오면서 당연히 취해야 할 수면이 죄악처럼 여겨졌습니다. 달콤한 잠을 조금 늘리는 것이 게으름으로 전락한 겁니다.

인도 최고의 황제로 지칭되는 고대 마우리아 왕조의 찬드 라굽타Chandragupta는 자신이 잠든 사이에 누군가 자신을 독살 하고 왕위를 빼앗을지도 모른다는 염려 때문에 잠을 제대로 잘 수가 없었다고 합니다. 그처럼 부득이 밤을 새거나 불면증으로 고민하는 사람들은 잠을 잘 잘 수 있는 것이 행복이라는 걸 절 절하게 압니다. 잠은 괴로운 인생, 고단한 노동을 잊게 하는 작

은 선물이니까요. 기찻길 옆 오막살이에 사는 아기가 잠을 잘
자는 것은 얼마나 다행인가요?

> 너 조용한 살인자 나태함이여, 더 이상은
> 내 마음을 가두지 말지어다.
> 너로 인해 또 다른 시간까지 허비케 하지 말라.
> 너 중대한 죄악, 잠이여.

영국 런던에서 활동한 종교작가 모어Hannah More가 1830년
대 발표한 〈일찍 일어나기〉라는 시에서도 알 수 있듯이 18~19
세기에는 아침에 일찍 일어나는 습관을 장려했습니다. "가난한
자들이 일찍 일어나는 버릇을 갖게 되면 저절로 일찌감치 곯아
떨어질 것이다. 그러면 한밤의 폭동은 사전에 예방될 것이다."
이보다 앞서 맨체스터에 살던 목사 클레이튼Jhon Clayton도 1775
년에 출간한 《가난한 자에게 보내는 우정 어린 충고》라는 책에
서 노동자들이 일찍 일어나는 습관을 가지게 되면 거리에서 말
썽을 부리지 않을 거라며 성직자다운 주장을 내놓았습니다.

잠자는 것을 시간의 낭비로 여긴 근대의 대표적인 인물은
미국의 토머스 에디슨일 겁니다. 로마제국이 멸망한 원인이 게
으름이었다는 책을 읽은 에디슨은 평생 근면하겠다고 다짐했
다고 합니다. 1847년에 태어난 에디슨은 시간을 절약하고 근면

한 덕분에 역사적인 인물이 됐습니다. 천재가 "99퍼센트의 땀과 1퍼센트의 영감"을 가졌다는 그의 말은 근면을 강조한 말입니다.

그렇게 노력을 들여야 성공하므로 잠은 비생산적이고 무익한 것, 잠은 시간과 기회를 빼앗는 것이 되어 원수로 여겼습니다. 24시간으로 정해진 하루에서 근면하고 시간을 낭비하지 않는 일은 잠을 줄이는 것뿐이니까요. 에디슨은 매일 다섯 시간만 잤다고 합니다. 에디슨과 그의 시간개념을 받아들인 한국의 수험생들은 다섯 시간도 많다며 '4당 5락'이란 표어를 책상 앞에 붙여놓고 악마 같은 잠을 쫓아냅니다.

발명가 에디슨이 인간에게 준 최고이자 최악의 선물은 백열전구입니다. 〈다운튼 애비Downton Abbey〉라는 영국드라마에는 백작부인이 막 영국에 들어온 백열전구를 눈부셔서 싫다고 하는 장면이 있습니다. 그러나 한가한 백작부인의 반응과 달리 많은 노동자는 에디슨이 발명한 백열전구의 환한 빛을 받으며 밤새워 일하게 됐습니다. 그 덕분에 공장의 기계는 낮이나 밤이나 돌아갔고, 노동자들은 밤에도 교대로 근무하면서 더욱 더 노동에 매이게 됐습니다.

에디슨은 인간에게 일할 시간을 늘려주고 잠을 뺐었습니다. 고맙지만 고맙지 않은 존재입니다. 백열전구가 나오기 이전 사람들은 하루에 평균 아홉 시간을 잤다고 합니다. 백열전구의 눈부신 불빛은 게으를 수 있는 여지를 빼앗으며 근면을 빛나게 만들었습니다. 대낮 같은 불빛 아래서 게으르긴 쉽지 않으니까요. 에디슨이 왔다 간 뒤로 인간의 생존에 필요한 정상적인 수면시간은 게으름이란 낙인을 받고 크게 줄었습니다. 잠을 덜 자면 성공하지만 잠을 더 자는 게으름뱅이는 실패한다는 신화가 생겨났지요.

물론 모두가 '예'라고 할 때 '아니다'라고 말하는 사람도 있습니다. 영국의 언론인이자 소설가인 체스터턴Gilbert Keith Chesterton은 《침대에 누워서》라는 저서에서 일찍 일어나는 것을 선으로 보고 침대에서 꿈지럭거리는 걸 도덕적으로 나쁘게 여기는 관점에 반대했습니다. 그는 "우리 사회는 침대에서 뭉개는 습관을 불건전하다고 여긴다. 일찍 일어나는 것을 의무로 여기지 말고, 개인의 취향으로 파악하자"고 주장했습니다.

영국 수상을 지낸 윈스턴 처칠은 "사람은 점심식사와 저녁식사 사이에 잠을 자야 한다. 낮잠을 자면 일을 적게 할 거라는 생각은 절대로 하지 마라. 그건 상상력이 없는 사람들의 어리석은 생각이다. 낮잠을 자면 오히려 더 많은 일을 할 수 있다"며 낮잠을 찬양했습니다. 필수인 밤잠을 줄이자는 당시 분위기에서 낮잠을 언급하는 것은 사치로 보입니다만, 어려운 노동조건에서 일하는 사람들이 낮잠을 잔다면 생산성을 제고하는 데 도움이 됐을지도 모를 일입니다. 그런 낮잠을 게으름이라고 부를 순 없겠지요? 그러나 그런 주장은 시기상조였습니다.

　모든 생물이 게을러서 잠을 많이 자는 건 아닙니다. 동물 중에서 대표적인 잠꾸러기는 '동물의 왕'인 사자입니다. 하루 24시간 중에서 20∼21시간을 쉬거나 잔다고 알려진 사자는 진정한 '잠의 왕'입니다. 사자가 번개처럼 달릴 수 있는 거리는 100미터 정도입니다. 그 짧은 거리를 질주해 정글의 모든 동물을 떨게 만드는 거죠. 잠을 많이 잔다고 약자가 되는 건 아닌 모양입니다. 필요한 만큼 사냥하고 남은 시간에는 에너지를 아끼며 휴식을 취하는 사자를 게으르다고 할 순 없겠지요. 그러나 "일하는 개가 게으름 피우는 사자보다 낫다"는 근대 서양의 구호였습니다.

　일찍 일어나서 벌레를 많이 잡는 것이 부지런함의 상징이 되고 늦게 일어나는 것은 게으름으로 몰렸습니다. 아침을 아껴 쓰라고 말하는 사람들은 일찍 일어나는 사람이 모두 근면하진 않지만 근면한 사람이 늦게 일어나진 않는다고 강조합니다. "새 나라의 어린이는 일찍 일어납니다. 잠꾸러기 없는 나라, 우리나라 좋은 나라" 잠을 많이 자야 할 어린아이들도 이런 노래를 부르며 잠을 덜 자고 일찍 일어나는 것이 좋은 나라를 만드는 길이라고 배우게 됐습니다.

　게으름을 누르는 최고의 수단은 시계라고 여겨졌지요. 잠을 이기고 싶은 사람은 시계를 사랑했고 시계에 의존하며 기꺼

이 그 통제를 받았습니다. 셜록 홈스의 친구 왓슨이 종종 꺼내보는 회중시계는 기술과 과학이 바탕인 근대성을 상징했습니다. 시간을 통제하는 사람이 성공하고 나아가 미래를 통제한다는 믿음이 퍼져나갔습니다. "똑딱, 똑딱." 근대성과 성공을 자랑하는 사람들이 시계를 가지기 시작했지요. 아시아와 아프리카의 서구 식민지에는 하나둘씩 근대 서구 문명의 승리를 상징하는 높은 시계탑이 세워졌습니다.

***

압생트와 홍차

요즘도 공장의 주인이나 회사의 사장은 게으른 노동자를 싫어합니다. 19~20세기는 더 그랬지요. 그래서 게으름을 비난하고 근면을 강조하는 데 먹고 마시는 문제를 동원했습니다. 그 가운데 먼저 술을 얘기해 볼까요? 영국에서 산업혁명을 이끈 사람들은 술이 노동자를 게으르게 만든다고 판단했습니다. 술을 마신 노동자들이 노동시간에 나쁜 영향을 주기 때문이었지요. 효율성도 떨어졌습니다. 공장주들에겐 술을 마시지 않는 근면한 노동자가 필요했습니다.

자본가들은 노동자들이 기계처럼 일하길 바랐지만 노동자

는 기계가 아니었습니다. 노동자는 덜 기계적이고 더 인간적이길 바랐으니 양측의 갈등은 필연적이었지요. "마시자! 한 잔의 술!" 오늘날 우리나라에서도 일과를 끝낸 노동자들이나 샐러리맨들이 술을 마시며 스트레스를 날려 보내는 걸 보면, 임금은 적고 일은 많고 일하는 시간은 길었던 19세기 유럽의 노동자들이 하루의 피로와 노동의 부담을 술로 해결한 것은 쉽게 짐작할 수 있습니다. 《어린왕자》에 나오는 주정뱅이처럼 뭔가를 '잊기 위해' 술을 마신 겁니다.

"학생들은 책읽기를 잊고 쾌락에 취해 술집을 돌아다닌다…… 술은 그들의 영혼을 타락시키고 그들의 예술은 부서진 노처럼 정처 없이 방황한다." 기원전 2000년경 이집트에서 나온 이 말에는 술을 마시는 학생들을 보고 염려하는 교사의 속내가 잘 드러나 있습니다. 돈을 주고 일을 시키는 고용주 입장에선 노동자의 영혼을 타락시키고 노동에 나쁜 영향을 주는 노동자들의 음주를 좋게 볼 수가 없었습니다.

초록이 흰색으로 변해, 에메랄드에서 오팔로 변했네,

허나 아무것도 바뀌진 않았네.

그는 잔 안으로 물을 조금씩 흘려 넣었고,

초록빛이 흐려질 때, 그의 마음도 흐려졌네.

이제 그는 오팔을 마시네.

그의 눈앞에 어느 미지의 고장과 높이 솟은 산악. 그리고 스치듯

고요히 흐르는 바다의 우울한 정경들이 펼쳐지네.

초록이 흰색으로 변해, 에메랄드에서 오팔로 변했으나,

아무것도 바뀌진 않았네.

1800년대 후반에 활동한 영국의 시인 어니스트 다우슨
Ernest Christopher Dowson은 초록의 압생트absinthe를 마시며 이렇
게 노래했습니다. 오늘날의 한국에서는 소주가 선호되지만,
1950~1960년대 미국인들은 마티니martini를 마시며 고된 노동
의 고통을 녹였습니다. 인기를 끄는 술은 시대에 따라 다른 모
양입니다. 19세기 말에 일을 마친 파리의 노동자들은 술집에
앉아 녹색의 독주인 압생트를 천천히 마셨습니다. 퇴근한 노동
자들이 여섯 시에 압생트를 마신다고 '녹색의 시간'이라는 이
름이 나왔을 정도였지요. 많은 사람이 똑같은 시간에 술을 마
신 적은 일찍이 없었습니다. 노동자의 근로시간이 같아지고 산
업화와 도시화로 많은 사람이 한곳에 모이면서 생긴 현상이었
지요. 당시 프랑스에서 소비되는 압생트가 연간 3600만 리터였
다는 기록은 노동자들이 산업화 과정에서 고통스럽게 지냈음
을 알려줍니다. 독한 술로 사막과 같은 근대의 삶을 이기려 한
것이지요.

고대부터 술이 나쁘게 여겨진 건 아닌 듯 보입니다. 바빌로

니아에서는 빈민들에게 '먹을 음식과 마실 맥주'를 배급했다는 기록이 남아 있습니다. 북유럽에서는 남자는 물론, 여자와 아이들도 맥주를 많이 마셨다고 전해지고요. 영국의 역사가 맘즈베리의 윌리엄William of Malmesbury은 "음주는 보편적인 관습이었다. 사람들은 밤이고 낮이고 시간 가는 줄 모르고 마셨다"며 11세기 평민의 생활풍습을 설명했습니다.

종교개혁 이후 금욕적인 프로테스탄트가 등장하면서 사정은 달라졌습니다. 프로테스탄트는 가톨릭보다 술에 엄격했고, 음주를 금지해 신자들이 욕망이나 게으름에 미혹되지 않도록 통제했습니다. 특히 19세기 영국에서 부상한 감리교는 '자유와 즐거움'을 인정하지 않았고, 당연히 음주도 받아들이지 않았습니다. 공장에서 일하는 노동자가 술을 마시면 생산성이 떨어지고 여러 문제가 생겨났습니다. 음주는 산업화의 걸림돌로 여겨졌습니다.

금주에는 정치적 의도도 섞였습니다. E. P. 톰슨은 《영국 노동계급의 형성》에서 영국의 술집이 부당한 노동조건에 불만을 가진 노동자들의 주요 모임장소가 됐다고 설명했습니다. 그에 따르면, 19세기 말 시작된 금주운동엔 노동자들의 음주를 막아서 술 취한 노동자들이 야기할지도 모를 위험을 미리 막으려는 의도가 포함됐습니다. 음주의 결과는 일을 못하는 게으름이었습니다.

※ 스위스의 압생트 금지 포스터(1910)

노동자들이 좋아하던 가장 독한 술 압생트가 금주목록 첫 페이지를 장식했습니다. 스위스에서는 1905년에 압생트가 금지됐고, 1910년에는 네덜란드가 이 술의 소비를 막았습니다. 1912년에는 번영을 누렸으나 내적으로 삭막한 산업사회 미국이 그 뒤를 이었습니다. 세계 최대의 압생트 소비국인 프랑스는 질질 끌다가 제1차 세계대전이 시작된 뒤에야 금지했습니다. 이후 녹색의 독주 압생트는 전 세계적으로 불법 주류가 됐습니다.

고된 노동이 게으름을 이기고 깃발을 올린 것처럼 음주시간도 노동시간에게 밀려 물러났습니다. 영국은 술집이 평일보다 일요일에 문을 일찍 닫도록 법으로 규제했습니다. 노동자들이 일요일에 일찍 잠자리에 들어야 월요일에 출근하고 효율적으로 일할 수 있기 때문입니다. 술집 영업시간도 점점 단축됐습니다. 예를 들면, 1914년 10월 런던의 술집은 폐점시간이 밤 10시~12시 30분이었으나 1915년에는 밤 9시~9시 30분으로 당겨졌습니다. 1차 세계대전을 치르던 영국은 군수품공장의 노동자들이 술을 마시고 작업능률을 떨어뜨리지 않도록 아예 관련지역의 주류업체와 술집을 폐쇄했습니다.

할리우드 영화의 소재로 자주 등장하는 금주법이 미국에서 시행됐습니다. 유럽과 비슷한 목표를 염두에 뒀지요. 노동자들이 술을 마시지 않으면 생산량이 증가하고 무단결근율이 떨어져서 미국이 번영을 이룰 것이라고 판단한 겁니다. 금주법이 시행되면 노동자들의 월요병이 사라지고 술로 낭비할 돈이 저축될 것이라는 전망도 나왔습니다. 그러나 사람의 욕망은 쉽게 통제되지 않나봅니다. 1930년에 이르자 금주법을 위반한 죄수들이 전체 죄수의 절반을 차지할 정도로 금주법을 어기는 사람이 늘었으니까요.

술은 근면의 적이라며 금주가 시행된 것처럼 게으름을 일으킨다고 여겨진 음식을 법률로 통제한 관행은 고대부터 존재했습니다. 기원전 7세기의 스파르타에서는 식사는 공동식당에서 먹고, 식사량은 조금밖에 주지 않았다고 합니다. 플루타르크Plutarch는 그 이유를 시민들이 "사치스런 소파에 누워서 일꾼이나 요리사의 손에 자신을 내맡긴 채로 지내다가 탐욕스런 짐승처럼 피둥피둥 살찔까 봐" 염려해서라고 했지요. 효율성과 시간의 가치를 높이 두는 현대인들이 요리나 식사에 낭비하는 시간을 줄이기 위해 패스트푸드점이나 공동식당을 활용하는 것도 같은 이유입니다만.

프랑스의 귀족들이 농민들의 체력이 떨어진다고 부드러운 흰 빵을 먹지 못하게 금지한 것도 게으르지 않고 일을 잘하는 노동자를 만들기 위해서였습니다. 먹을거리까지 통제한다는 건 슬픈 일이지만, 프랑스혁명이 일어나기 직전의 농민들은 돼지보다 조금 진화한 존재로 여겨졌으니 어쩔 수 없었습니다.

낮은 계층은 귀족과 달리 검은 빵을 먹어야 한다고 여겼으니까요. 1793년 11월 국민의회는 "평등사회에서 부유와 빈곤은 없어져야 한다"면서 국민이 다 먹을 수 있는 '평등 빵'을 만들기로 결정했습니다.

홍차를 마시는 풍습이 영국에서 급속하게 퍼진 것도 일하는 것을 장려하기 위해서였습니다. 오후의 티타임이 일상이 된 영국 영화에는 하인들이 차 주전자와 찻잔을 담은 큰 쟁반을 조심스럽게 나르는 장면이 자주 나옵니다. 홍차가 인기를 끌면서 어떤 하원의원이 차를 병에 담아서 의사당으로 가져갔다거나 어떤 작가가 한 자리에서 차를 서른일곱 잔이나 연속으로 마셨다는 이야기는 전설처럼 전해지기도 하지요. 영국에서 도자기 '본차이나'가 발달한 것도 홍차를 마시는 풍습과 연관이 있습니다.

그러나 홍차의 인기는 산업자본가들이 술을 대신하는 음료로 홍차를 장려한 덕분에 생겨났습니다. 오랜 시간 일한 피로를 풀기 위한 과음은 노동자들의 다음날 근무에 지장을 주었습니다. 하지만 설탕이 들어간 고칼로리의 홍차는 오히려 노동을 진작하게 했지요. 설탕이 제공하는 칼로리와 카페인이 주는 각성작용이 노동자의 생산효율을 높이기 때문입니다. 홍차와 설탕이 영국에 '근면한' 산업사회가 형성되는 데 큰 역할을 했다는 건 쓸쓸한 기록이 아닐 수 없습니다.

영국 정부는 홍차에 붙는 세금을 폐지해 사치품이던 홍차의 가격을 떨어뜨려서 노동자들이 구매할 수 있도록 홍차의 대중화를 도왔습니다. 차의 가격은 계속 하락했지요. 1680년 1파운드에 30실링이던 차는 1740년 4실링으로 내렸습니다. 일자리를 구하려고 농어촌에서 많은 인구가 도시로 유입되자 우유가 부족해졌고, 우유의 대안인 홍차는 더 인기를 끌었습니다.

영국에서 티타임이 생긴 것은 산업현장과 관련이 깊었습니다. 19세기 초 영국의 노동자는 하루에 열다섯 시간 일했습니다. 일의 강도가 떨어지는 오후 네 시에 설탕을 넣은 카페인이 많이 든 홍차는 지친 노동자들에게 에너지를 보급하고 기운을 북돋우는 흥분제로서 이중의 역할을 했습니다. 일본 학자 가와기타 미노루의《설탕의 세계사》를 보면, 산업혁명 이후 영국 도시에 거주하는 노동자들은 빵과 설탕을 넣은 홍차를 아침에도 먹었습니다. 빠른 시간에 아침식사를 준비할 수 있고, 에너지 공급원으로도 손색이 없었기 때문입니다.

한낱 기호식품이 세계의 역사까지 바꿀 수 있다는 건 놀랍습니다. 영국에서 차를 마시는 습관이 널리 퍼지자 영국은 비싼 중국차의 수입대금을 결제하려고 식민지 인도에서 재배한 아편을 중국에 몰래 들여갔고, 이에 분개한 중국이 조치를 취하면서 1820년 아편전쟁이 일어났습니다. 근대에 동양과 서양이 벌인 한판의 전쟁은 산업혁명을 이룬 영국의 승리로 막을 내렸고, 이후 영국은 세계사의 주도권을 잡았습니다.

영국은 1830년대부터 비싼 중국산 차를 대체할 대안으로 열대의 식민지인 인도와 스리랑카에 차 농장을 많이 세웠고, 그 덕분에 대영제국이라고 불린 영국의 세력권 내에서 차의 자급자족이 가능해졌지요. 1860년대에는 인도 동부 지방에만 차 농장 160곳이 문을 열었고 늘어나는 영국의 차 수요를 감당했습니다. 아삼Assam과 다르질링Darjeeling에서 생산된 홍차는 지금도 큰 인기를 누리고 있습니다. 대영제국이 성공한 이면에는 식민지에서 자란 홍차의 기여가 컸습니다.

영국이 세계에서 차를 가장 많이 마시는 나라가 된 데는 이러한 역사적 배경이 숨어 있습니다. 20세기 후반에 나온 기록을 보면 영국인이 1인당 연간 10파운드, 약 2000잔의 차를 마신다는 걸 알 수 있습니다. 한 사람이 하루에 다섯 잔 정도를 마시는 셈이니 많은 양입니다. 그 다음으로 차를 많이 마시는 나라는 영국의 이웃인 아일랜드입니다. 식민지 인도에 살던 영국 관리들은 아침 여섯 시에 홍차를 마셨는데, 이런 전통은 제국이 사라진 지금도 인도에 남아 있습니다.

산업혁명 이전에는 커피를 마시는 일이 금기였습니다. 독일의 역사학자 볼프강 쉬벨부쉬Wolfgang Schivelbusch는 산업화 과정에서 인간을 정신노동에 적합하도록 재형성하는 데 담배와 커피가 도움이 됐고, 그래서 커피를 마시도록 허용했다고 주장

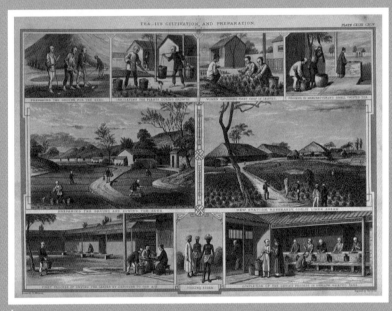

* 아삼 차는 거의 모두 영국으로 실려갔다. 인도 아삼에서 차를 생산하는 과정(1850)

했습니다. 커피를 마신 노동자들의 의식을 각성상태로 만들어 이성적으로 노동하도록 유도한다는 것이지요. 노동과 업무가 끝난 뒤에 마시는 술과 달리 커피는 홍차처럼 일을 하면서 마실 수 있는 강점을 가졌습니다. 근면을 지탱하고 게으름을 억제하는 데 큰 공을 세운 것이 바로 오늘날 많은 이들이 좋아하는 커피였습니다.

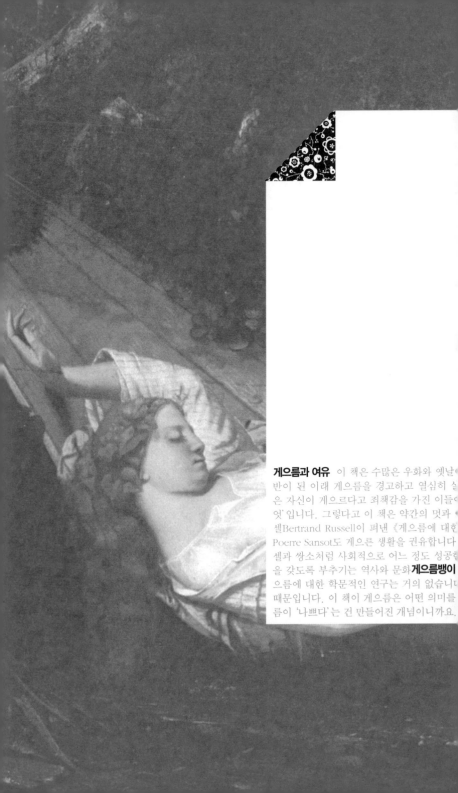

게으름과 여유 이 책은 수많은 우화와 옛날⬧ 반이 된 이래 게으름을 경고하고 열심히 살⬧ 은 자신이 게으르다고 죄책감을 가진 이들⬧ 엇'입니다. 그렇다고 이 책은 약간의 멋과 ⬧ 셀Bertrand Russell이 펴낸 《게으름에 대한⬧ Poerre Sansot도 게으른 생활을 권유합니다⬧ 셀과 쌍소처럼 사회적으로 어느 정도 성공한⬧ 을 갖도록 부추기는 역사와 문화 **게으름뱅이**⬧ 으름에 대한 학문적인 연구는 거의 없습니⬧ 때문입니다. 이 책이 게으름은 어떤 의미로⬧ 름이 '나쁘다'는 건 만들어진 개념이니까요.

03

동양의 여유 *

르면 가난해진다거나 게으른 자는 성공할 수 없다는 교훈을 말하지 않습니다. 근면이 근대 산업사회의 기
책은 이미 많이 나왔습니다. 《게으름**종교와 게으름** 이여, 안녕!》《게으름 퇴치법》 같은 제목을 단 책들
를 쫓아내는 주술사처럼 게으름을 퇴치하는 방법을 일러줍니다. 여기서 게으름은 쫓아내야 할 '나쁜 그 무
서 게으름을 찬양하지 않습니다. 게으름을 찬양하는 책도 아주 많습니다. 20세기 전반 영국의 철학자 러
히 일하는 당시 사회**낮잠** 를 향해 게으르게 살 것을 권장했습니다. 지금도 활동하는 '느림의 철학자' 쌍소
《오래 살려면 게으름을 즐겨라》《게으름을 떳떳하게 즐기는 법》《게으름의 즐거움》 같은 책들은 모두 러
롭게 게으름을 권유하는 내용입니다. 저는 이 책에서 게으름이 나쁘다고 여겨지고 게으른 행동에 죄책감
각해봅니다. 그동안 동서양의 학자들은 부정적인 의미를 가진 게으름을 주목하지 않았습니다. 그래서 게
으름을 고고학적으로 살펴보려던 본래 계획이 다소 어긋난 것도 발굴된 기록**근수자와 용부** 많지 않기
권력과 연계되는지를 추적하면서 게으름을 자책하는 사람들에게 약간의 해방감을 주길 희망합니다. 게으
근대 서구 문화에서 좋은 평가를 받지 못했습니다. 이 책 2장에서 말하는 것처럼, 게으름이 근대 서구 산업

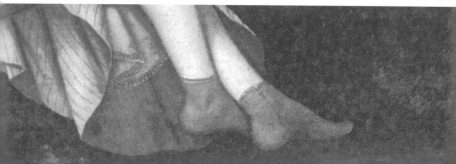

***

게으름과 여유

남쪽 나라에 넓은 땅과 많은 하인을 거느린 부자가 살았습니다. 그런데 한 하인이 유독 일을 안 하고 게으름을 피웠지요. 화가 난 주인이 "좀 더 성실하게 일해"라고 주의를 주었습니다.

그러자 하인은 "성실하게 일하면 어떻게 되는데요?"라고 물었습니다. 주인은 "성실하게 일하면 더 좋은 일을 할 수 있어"라고 대답했고요.

이번에는 하인이 "좋은 일을 하면 뭐가 좋은데요?"라며 빤히 쳐다보았습니다. "수입이 늘겠지"라는 주인의 대꾸에 "수입이 늘면 뭐가 좋은데요?"라는 질문이 돌아왔습니다. "그야, 좋은 집에서 맛있는 것 먹으면서 태평하게 지내겠지." 그 말을 들은 하인은 웃으며 대답했습니다. "저는 이미 충분히 태평한데요, 뭐."

손만 뻗으면 먹을 것을 주변에서 얻을 수 있는 열대지방에서 전해지는 이 이야기는 서양이 아닌 다른 세계에서 게으름이 다른 의미를 갖는다는 걸 알려줍니다. 영국의 민화 '게으른 잭' 이야기가 전해주는 게으름에 대한 가치가 전 세계적으로 보편

적일 수 없다는 거죠. 러셀도 《게으름에 대한 찬양》에서 "지중해의 햇빛을 누리지 못하는 나라에서는 게으름이 쉽지 않다"고 했지요. 게으름을 어느 사회에서나 같은 잣대로 적용할 수 없다는 의미입니다.

게으름은 문화를 반영합니다. 일중독자가 많고, 일등만 기억하는 '더러운 세상'인 근대의 공간에서 열등하다 여겨지고 그 때문에 제국에게 정복되어 불행한 한 시대를 보낸 비서구 세계는 게으름과 빈곤의 땅이 아니었지만 서양보다 문화적 견지에서 덜 역동적인 것은 분명한 사실이었습니다. 이 장에서는 게으름을 증오한 근대 서구 세력이 침투하기 이전의 비서구 문화권인 아시아, 아프리카, 아메리카에서 게으름이 어떻게 인식되고 작동됐는지를 알아봅니다. 일본의 지배를 받기 이전 우리나라의 전근대도 들여다보고요.

인간과 자연의 조화를 강조하는 한가로운 비서구 세계는 일이 끝난 뒤에 쉬거나 휴가를 갖는 서구와 달리 일상에서 일과 휴식의 구분이 분명하지 않았습니다. 그래서 "하늘을 욕심껏 마당에 들여 놓겠다"고 노래한 노천명 시인과 "단 하나의 세속적 욕망은 하늘의 아름다움을 향유하는 것"이라던 일본의 승려 요시다 겐코吉田兼好가 나왔을 겁니다. 인명은 재천이며, 자기가 먹을 것은 가지고 나온다는 믿음이 강해서 근면의 기풍도 서구보다 상대적으로 약했습니다. 그렇다고 그것이 서구보다 열등함을 의미하는 건 아니었지요. 다만 문화가 다를 뿐이 었습니다.

시계를 옆에 두고 시간을 재며 아끼는 근대 서양에서 게으름은 시간을 낭비하는 것으로 여겨졌습니다. 근대인은 《어린왕자》에 나오는 술주정꾼처럼 바빠서 게으름을 부리기는커녕 생각할 시간도 없었습니다. 서양의 움직임이 무언가로 꽉 채운 서양화처럼 돌아간다면, 동양의 움직임은 반쯤 비어 있는 동양화와 비슷하다고 할까요? 삶의 여백이 부족한 세상에서 여유나 게으름이 생겨나긴 어렵습니다. 물욕이 적어야 느리게 게으름뱅이로 살 수 있는 것이고요.

그런 점에서 비서구 세계 사람들은 게으를 수 있는 여지가 많았습니다. 《몰입의 즐거움》이라는 책으로 우리나라에도 널리 알려진 미국의 교육학자 미하이Mihaly Csikszentmihalyi 교수는 인간은 원래 적게 일하고 많이 놀았다고 말합니다. 적게 일하고 남는 시간에는 그저 놀거나 서로 이를 잡아주면서 한가롭게 시간을 보내는 아프리카의 개코원숭이와 비슷했다는 겁니다. 어떤 역사학자도 13세기 프랑스의 농촌 사람들이 서로 머리의 이를 잡아주며 시간을 보냈다고 했습니다.

한 탐험대가 유적을 발굴하러 가다가 정글을 지나갔습니다. 일행 중에는 짐을 운반하는 인디오 원주민이 몇 사람 있었습니다. 처음 나흘은 일정표대로 진행됐지요. 그런데 5일째가 되자 인디오들이 전진하는 걸 거부했습니다. 당황한 탐험가들은 돈을 더 주겠다고 회유했습니다. 어르기도 하고 윽박지르기도 했으나 소용이 없었습니다. 심지어 총으로 협박도 했고요. 그러나 그들은 요지부동이었지요. 그렇게 이틀이 지나자 인디오들은 다시 목적지를 향해 나아갔습니다. 탐험가들이 왜 그랬느냐고 묻자 한 인디오가 대답했습니다. "너무 빨리 걸었기 때문에 영혼이 우리를 따라올 때까지 기다린 겁니다.

《모모》로 유명한 독일 작가 미하엘 엔데Michael Ende의 《엔데의 메모장》에 나오는 이야기입니다. 수렵과 채집으로 생활을 영위한 아프리카인과 아메리카인에게 빠르게 움직이는 것은 미덕이 아니었지요. 그들은 배가 고프면 수렵과 채집을 하고 배가 부르면 게으름을 부리며 느긋하게 살아왔으니까요. 아메리카 인디언은 한 지역에서 살다가 사냥감이 떨어지면, 그곳에 다시 사냥할 수 있는 동물이 번성할 수 있게 그곳을 뒤로하고 다른 곳으로 이주했습니다. 땅을 황폐하게 만들지 않은 겁니다. 땅을 소유하지 않았고요. 그러나 그곳을 정복한 유럽인은 '자기 안경'으로 그런 그들을 게으르다고 여겼습니다.

산업화하기 이전 멕시코인도 필요한 만큼의 고기와 술만 마련되면 더 이상 일하지 않았다고 합니다. 일을 할 때는 최선을 다했지만 일이 끝나면 게으름을 피웠습니다. 멀리 떨어진 아프리카에서도 비슷한 생활이 이어졌습니다. 1960년대 아프리카 칼라하리 사막의 부시먼을 관찰한 토론토 대학교의 리차드 리Richard LEE 교수는 부시먼들이 일주일에 여섯 시간만 일하고 나머지 시간에는 아카시아 나무 밑에서 이야기를 해주었다고 적었습니다. 리 교수가 수렵하고 채집하는 사회가 풍요롭다고 주장한 건 이런 맥락이었습니다.

서양에서 게으름은 시간에 중점을 두고 돈을 버는 데 적합하지 않은 상태를 지칭합니다. '시간은 금', '시간은 돈'이니까요. 반면에 비서구권의 게으름은 세속을 떠난 출가자나 수행자의 게으름과 비슷합니다. 인도의 힌두 문화권에서 출가자는 세속을 떠난 상태로 경제적 활동을 하지 않습니다. 나무 아래서 명상을 하고 차를 마시거나 한담閑談을 나눕니다. 때로 아무것도 하지 않고 빈둥거립니다. 악착같이 돈을 추구하는 삶에서 벗어난 상태, 생산적인 의무가 없는 상태가 게으름이었습니다.

서양과 비서구 세계의 상이한 시간개념이 게으름을 다르게 인식하도록 이끌었습니다. 먼저 윤회와 환생을 믿으며 시간을 넉넉하게 사용하는 힌두교인들의 시간개념을 봅시다. 인도인에게 시간은 직선적인 흐름이 아닙니다. 전생에 일어난 일은 반복되고 다시 돌아오며, 시간은 시작도 끝도 없는 순환고리와 같다고 여기지요. 한 생의 끝은 다음 생의 시작이고, 이승의 시작은 전생의 끝으로 여깁니다. 보이지 않는 신도 보이는 사람도 모두 이 순환하는 고리에 들어 있다고 믿습니다.

떠나간 시간이 돌아오고 또 돌아오니 그들에게 기회는 무궁무진합니다. 천 년을 기약하면 못 이룰 사랑이란 없겠지요. 시간의 되풀이를 알고 있는 인도인은 흐르는 시간을 낭비라고 여기지 않습니다. 그러니 여유로울 수밖에요. 삶이 단 한 번 주어진다고 믿는 사람들이 한정된 시간을 아껴 쓰고 거기에 모든 걸 거는 것과 달리 시간이 윤회한다는 걸 이해하는 인도인은 물리적 발전과 진보에 덜 적극적입니다. 개천에서 용이 나기를 바라며 부단한 노력을 강조하지도 않습니다.

인도 못지않은 역사와 영토를 가진 중국의 시간개념도 광대무변합니다. 중국 고대의 사상가 장자가 지은 《장자》를 보면, 명령이라는 이름의 나무가 500년을 봄으로, 500년을 가을로 살았다는 기록이 나옵니다. 상고에 있던 대춘(참죽나무)은 8000년으로 봄을 삼고, 8000년으로 가을을 삼았다고도 하고요. 이런 광대무변의 세상에서 시간을 아끼고 종종걸음을 치는 건 그야말로 우스운 일이지요. 장자가 말한 나비의 꿈, 즉 "나비가 되어 하늘을 날아다니는 꿈을 꿨는데 그것이 꿈인지 아니면 나비인 상태로 사람이 된 꿈을 꾸고 있는 것인지"라는 표현은 힌두의 윤회사상과 닿아 있습니다.

타이완의 정치학자인 리우삐룽劉必榮은 《손자병법》에 나오는 전략과 전술을 통해 담판과 협상의 원리를 담은 《담판》을 썼습니다. 시간이 무기라고 말한 그는 중국인과 시간에 대해 말하지 말라고 조언합니다. "중국인과 인내심을 논하지 말라. 그들은 5000년의 역사를 가지고 있다. 그들에겐 남는 것이 시간이다." 신화학자 김선자도 중국인의 순환적 시간관을 알려줍니다. 그에 따르면, 중국인의 사유방식에서 죽음은 끝이 아니지요. 사랑하는 사람의 핏방울은 꽃으로 변하고, 그를 위해 흘린 여인의 눈물은 나비로 변합니다. 여기서도 시간이 무한함을 알게 됩니다. 곳간에서 인심이 나오듯이 시간을 많이 가진 자가 여유로운 겁니다.

많은 인도인이 믿는 힌두교는 현세적인 기독교와 달리 사색적이고 철학적입니다. 인도가 산업화된 서구 세계에 수출한 요가와 명상은 한가하고 편안한 상태로 욕망을 조절하는 지혜를 가르칩니다. 정신과 육체의 긴장을 풀어주는 요가와 명상은 세속적인 근심과 갖가지 불안에 굴복하지 않도록 도와줍니다. 세속적인 것에 대한 일종의 저항이지요. 특히 아무것도 하지 않는 명상은 가장 순수한 게으름이라고 할 수 있습니다. 근대에 인도를 지배한 영국의 제국주의자들은 아무것도 하지 않는 요가와 명상이 인도의 '국민적 나태함'을 보여준다고 맹렬하게 비난했습니다.

오늘날 인도에서 빈번히 정치적으로 이용되어 원성이 높은

'반드Bandh'라고 불리는 항의운동도 아주 게으른 운동으로 종교적 의미를 담고 있습니다. 대중교통수단과 저잣거리의 활동을 '올 스톱'하는 반드는 파업과는 좀 다르지만 아무것도 하지 않고 결과를 노린다는 점에서 이기적인 저항운동입니다. 반드를 시작한 노동자들은 직업을 잃을 위험성도 있고 무임금이라는 대가를 치를 수도 있지만 그래도 그냥 놉니다. 반드를 저항무기로 처음 사용한 사람은 정치적 감각이 뛰어난 마하트마 간디였습니다. 간디는 "나쁜 것에 영혼이 놀라서 아무것도 할 수 없다"는 의미로 사용했습니다.

앞에서 보았듯이 부자들은 가난한 사람들이 게으르다고 여깁니다. 부자로 태어나서 일하지 않고 얼마든지 게으를 수 있는 그들은 힘이 있고 돈이 있으며 '말할 수'도 있습니다. 그래서 인도의 부자도 가난한 사람은 게을러서 그렇다고 쉽게 말합니다. 윤회를 믿는 인도인은 그들의 가난이 전생의 업이라고도 하지요. 그래서 주어진 운명을 받아들이는 경향도 있습니다. 그 논리도 사실은 강자의 것으로 약자가 저항하지 않고 운명에 순응하는 것이 자신에게 유리하니까요. 흥미롭게도 빌린 돈을 제때 갚는 건 가난한 사람들이라는 속담이 있으니 부자는 여러 면에서 '대략난감'입니다.

이상하고나. 낮게 구르며 높이 튕겨 오르며, 손 없는 주사위가 손

발 있는 사람을 사로잡네. 이상하고나, 도박장에서 차갑게 구르는 주사위는, 타오르는 숯불보다도 더 뜨겁게 사람의 애간장을 태우네. 슬픈 것은 노름꾼과 맺어진 아내의 신세, 애달픈 것은 방랑의 아들 때문에 시름에 잠긴 어머니. 빚은 쌓여 어깨가 무거운데, 좋지 못한 흉계를 가슴에 품고 밤이면 남의 재물 엿보는구나.

3000년 전에 구성된 힌두교 성서 《리그베다》에는 이 〈도박의 노래〉가 들어 있어 눈길을 끕니다. 주사위로 도박을 벌인 노름꾼이 빚을 지고 몰락하는 슬픈 운명과 도박을 경계하는 교훈적인 내용입니다. 게으름과 조급성을 기르는 도박은 근본적으로 비도덕적입니다. 독일의 평론가 발터 벤야민Walter Benjamin은 바로 이 비도덕적인 성격으로 도박이 영웅적인 측면을 갖는다고 말했습니다. 빈둥거림을 가능케 하는 도박엔 지배층의 이익을 도모하는 노동을 거부하는 뜻이 담겨 있으니까요.

서구 학자들은 한동안 인도의 저발전이 운명론을 믿는 힌두들에서 기인한다고 주장했습니다. 운명을 개척하고 싸우기보다 주어진 운명을 받아들이면서 게으르고 떠들기와 논쟁을 좋아한다는 것이지요. 그들은 게을러서 후회도 하지 않고, 너무 게을러서 며칠씩 열리는 세상에서 가장 게으른 운동경기인 크리켓만 좋아한다는 비판도 받았습니다. 연전에 티베트의 달라이라마도 인도인이 게으른 태도를 바꿔야 한다고 소감을 피력했습니다. 열대지방에 사는 인도인이 활동량이 적고 시간에 관대한 세계관을 가진 것은 사실이지만, 그것을 나쁜 천성으로 돌리는 건 과도한 일반화입니다.

종교와 게으름

아무 일도 하지 않고 빈둥빈둥 놀거나 게으름을 피우는 사람을 가리켜서 흔히 백수건달이라고 합니다. 건달은 불교 용어를 한자로 표기한 '건달바乾達婆'에서 나왔습니다. 건달은 브라만교의 신으로 허공을 날아다니며 노래만 부르기 때문에 하는 일 없이 빈둥빈둥 놀거나 게으름을 피우는 사람을 일컫게 됐습니다. 불교에서는 수미산 남쪽의 금강굴에 살면서 음악을 책임진 신이었고요. 인도문화권이 이러한 존재를 나쁘게 여기지 않고 인정했다는 걸 알 수 있습니다.

《생각의 지도》는 리처드 니스벳Richard E. Nisbet 교수가 동양과 서양이 세상을 다르게 보는 시선을 살핀 책입니다. 그는 책에서 '옳고 그름'의 구조인 서양의 종교와 달리 순환과 윤회사상이 특징인 동양의 종교가 '둘'이나 '함께'를 지향한다고 파악했습니다. 그래서 동양에서는 종교전쟁이 거의 없지만 서양에

100
게으름은 왜 죄가 되었나

서는 종교전쟁이 격렬하게 진행됐다고요. 일반적으로 동양에서 발전한 종교들이 유일신을 믿는 기독교에 비해 포용적이고 관대하다는 평을 받습니다. 게으름에 대해서도 세속적으로 규제하기보다 그냥 내버려 두는 분위기가 강했습니다. 〈게으름이 어떻다는 것인가?〉라는 20세기 후반 인도의 성자 크리슈나무르티Jiddu Krishnamurti의 시에서도 그걸 감지할 수 있습니다.

게으름이 어떻다는 것인가? 그냥 가만히 앉아서 먼 곳의 소리가 점점 가까이 오는 것을 듣는 것이 무슨 잘못이란 말인가? 아침에 잠자리에서 가까운 나무 위의 새들을 보거나 다른 잎은 그냥 있는데 나뭇잎 하나가 바람에 날려 춤을 추며 떨어지는 것을 보는 것이 어떻다는 것인가? 잘못한 것이 무엇인가? 게으른 것을 잘못이라고 생각하기에 우리가 게으름을 탓하는 것이다.

그러므로 게으름이 어떤 뜻을 지녔는지 알아보자. 당신이 몸도 건강한데 일정한 시간이 지나도 침대에 누워 있으면 당신이 게으르다고 말하는 사람이 있을 것이다. 당신이 기운이 없거나 다른 건강상의 이유로 책을 보거나 놀고 싶어도 그것을 게으름이라고 말하는 사람이 있다.

그러나 정말로 게으름이란 무엇인가? 마음이 그 자신의 반응, 그 자체의 미묘한 움직임을 모를 때에 그 마음은 게으르고 둔탁하고 무지한 것이다. 당신이 시험에 합격 못 하고 책을 많이 읽지 못하고 얻는 것이 적은 것, 그것은 무지가 아니다. 진짜 무지는 자신에 대해 아는 것이 없는 것, 당신의 마음이 어떻게 움직이는지, 당신의 동기, 당신의 반응이 무엇인지 느끼지 못 하고 마음이 잠들어 있을 때 그것이 게으름이다.

그러므로 사람은 자신이 정말로 게으른지 아닌지 잘 살펴야 한다. 당신이 게으르다고 사람들이 말해도 그냥 받아들이지 마라. 스스로 무엇이 게으른지 알아내라. 받아들이고 거부하거나 모방하기만 하는 사람, 두렵기 때문에 자기 스스로 조그만 도랑을 파는 사람, 그러한 사람은 게으르고 그 마음은 시들고 조각이 난다. 그러나 살피는 사람은 가끔씩 조용히 앉아서 나무와 새, 사람과 별, 조용한 강물을 바라보아도 게으른 것이 아니다.

인도에서 나고 성한 힌두교는 부의 축적을 인정하지만 게으름을 비난하지 않습니다. 인간의 궁극적인 목표를 해탈로 여기면서도 부의 추구를 그 과정 가운데 하나로 간주하지요. 세속적이지 않은 출가한 사람을 존경하는 분위기도 강했고요. 힌두 브라만의 세계관에서 인생의 3단계인 산야시Sanyasi는 세속에서 물러나는 것입니다. 이웃의 큰 나라 중국에서도 일하지 않고 떠도는 방랑자를 나쁘게 여기지 않았습니다. 부귀영화를 추구하지 않고 자유로운 부랑자와 방랑자들을 존중하는 성향이 있었습니다.

＊ 서구 지배자가 게으름으로 여긴 힌두들의 갠지스 강 목욕

기원전 6세기경 인도 갠지스 유역에서 탄생해 동아시아로
퍼져나간 불교는 타락한 생활을 비난하고 게으름을 물리치라
고 가르칩니다. 사악한 행위를 버리고 청렴하고 바르게 생활할
것을 권장하고요. 그러나 돈을 벌지 않는 거지나 유랑자를 얕
보거나 게으름뱅이라고 무시하지 않습니다. 불교처럼 인도 대
륙에서 생겨난 힌두교도 거지와 유랑자를 동정하진 않지만, 대
체로 세속에 얽매이지 않고 자유롭게 떠도는 그들의 삶을 이상
적이고 순수한 삶으로 긍정적으로 평가합니다.

거의 모든 종교가 부의 축적을 금기로 여깁니다. 부자가 천
국에 가는 것은 낙타가 바늘구멍을 통과하는 것만큼 어렵다는
《성경》의 말씀처럼 기독교가 탄생한 초기와 기독교가 지배한

유럽의 중세에는 부의 축적이 부정적으로 받아들여졌습니다. 물론 종교개혁 이후에 등장한 개신교는 근면과 절약을 강조해 부를 축적하고 자본주의를 발전시켰습니다만. 중국에서 시작되어 동아시아에 영향을 준 유교도 근면과 성실을 가르치고 낭비와 방탕을 물리치라고 가르쳤습니다.

앞에서 말했듯이 인도에서 생겨난 불교와 힌두교는 물론, 중국의 유교는 게으름뱅이가 게을러서 가난뱅이라고 여기는 서구 유럽과 다른 입장입니다. 아시아권의 종교는 대체로 가난과 청빈을 나쁘게 여기지 않습니다. 인도에서는 구걸을 도를 닦는 한 방법으로 여깁니다. 구걸하는 사람에게 적선하는 것도 깨달음에 이르는 방법으로 인식하고요. 불교가 다른 문화권에 전파되면서 구걸의 개념은 약간 달라졌습니다. 구걸을 나쁘게 여기지 않는 경우도 있었으나 구걸을 게으름의 한 형태로 판단했습니다.

절대자가 은혜를 베풀어 구원을 얻는 기독교와 달리 불교와 힌두교에선 개인이 깨달음을 통해 구원에 이릅니다. 게으름은 깨달음을 얻기 위해 수행하는 사람들에게 큰 장애물로 여겨집니다. 게으르지 않게 끊임없이 밤낮으로 용맹 정진해야 해탈에 이를 수 있으니까요. 불교사원에서 볼 수 있는 각종 풍경은 수행자의 나태함을 깨우는 역할을 합니다. 풍경의 방울에 달린 물고기 모양의 얇은 금속판은 물고기가 잘 때 눈을 감지 않는 것과 마찬가지로 수행자들이 잠을 줄이고 언제나 깨어 있어야 한다는 의미를 가집니다. 우리나라 원성 스님의 시도 그걸 말해주지요.

아득한 옛적부터 들려오는 소리

아침부터 저녁까지 쉬지 않고 들려오는 소리

강당으로 향하는 길목에 어김없이 들리는 소리

온종일 가슴 한켠 메아리치는 홀딱 벗고 새 소리

공부는 하지 않고 게으름만 피우다가

세상을 떠난 스님들이 환생했다는 전설의 새

공부하는 스님들에게 더 열심히 공부해서

이번 생에는 반드시 해탈하라고 목이 터져라 노래한다.

홀딱 벗고

홀딱 벗고

모든 상념을 홀딱 벗고……

부처가 남긴 마지막 말은 "모든 것은 변한다. 게으름 없이 정진하라"입니다. 부처는 재산을 없애는 여섯 가지 일에 '게으름에 빠지는 것'을 포함시켜 게으름을 경계했지요. 인도의 승려 법구法救가 인생에 지침이 될 만한 좋은 시구를 모아 엮은 《법구경》에는 게으름을 경계하고 부지런함을 장려하는 말이 많이 나옵니다. 《법구경》의 2장은 근면과 게으름을 다룹니다. "게으르지 않음은 영원히 사는 길이요, 게으름은 죽음의 길이다"는 구절도 보입니다. 그러나 《법구경》이 게으르지 않고 얻을 수 있는 대가라고 언급한 것은 대개 비세속적인 것입니다.

몇 가지만 더 소개할까요? "노력하기를 즐기고 게으름을 두려워하는 사람은 마음에 얽혀 있는 장애물을 모조리 다 태워야 한다." "놀고 있는 사람들 속에서 혼자 부지런히 일하고, 자고 있는 사람들 속에서 혼자 자지 않는 사람이 돼라." "애쓰고 깊이 생각하고, 행실이 깨끗하고 신중하게 행하고 스스로 억누르고 법에 따라 사는 근면한 사람은 그 영광이 더욱 빛나리라." "어리석어 슬기가 없는 이는 게으름에 빠지고, 슬기가 있는 이는 귀중한 재산을 지키듯 부지런함을 지킨다."

불교에서 꼽는 여덟 가지 사악한 마음에는 교만, 자기자랑, 비난, 과장, 약탈, 사치, 도둑질과 함께 게으름이 들어 있습니다. 게으름을 경계하는 건 성불하기 위해 노력하는 데 방해가 되기 때문이지요. 이런 점에서 기독교와 비슷합니다. 그래서 부처는 게으름의 종말을 '물고기가 없는 연못만을 지키는 백로처럼'이라고 비유했습니다. 그러나 불교는 기독교와 달리 지나친 게으름과 심한 노동을 함께 비난합니다. 심한 절제도 지나친 편안함처럼 해롭다고 여기고요. 그런 점에서 근면과 절약을 강조하는 개신교와 입장이 다릅니다.

15세기 말 인도에서 생겨난 시크교Sikhism는 게으름을 잘 못이라고 가르칩니다. 북부 펀자브 지방에서 구루 나나크Guru Nanak가 시작한 시크교는 힌두교와 이슬람교를 절충한 종교로 일신교적 성향을 가졌습니다. 시크교는 수입의 10퍼센트를 기부하고, 시크 집단을 위해 열심히 일하면 보상을 받는다고 가르칩니다. 즉 다른 사람을 돕는 데 사용한다는 걸 전제로 부를 인정하는 겁니다. 부자가 가난한 자를 도울 책임을 언급한 시크교의 성서Grant Sahib는 이승에서 다른 사람에게 봉사했을 때 신의 궁정에 도달할 수 있고, 자선을 베풀고 열심히 일하는 것이 필수라고 말합니다.

키가 크고 몸집이 좋은 시크인들은 아주 근면해서 힌두인이나 무슬림과 달리 거지가 없다는 특징이 있습니다. 시크교에서는 구걸하거나 일하지 않는 것, 게으름을 이기적인 행동으로 여기거든요. '시크교 윤리와 자본주의 정신'이라는 책이 나와도 좋을 만큼 시크인들은 자본주의와 친밀합니다. 대개 터번을 한 시크인은 인도 총인구의 2퍼센트가 채 안 되지만 이들이 전체에서 차지하는 부의 비율은 10퍼센트를 훨씬 넘을 정도로 여러 분야에서 근면성을 자랑합니다. 그러나 그들이 인도 문화권에서 예외적으로 행동하는 건 아닙니다. 게으름과 관련해 말한다면, 그들은 서양인보다 분명히 인도인에 가깝습니다.

낮잠

"잠자는 사람은 죄를 짓지 않는다"는 속담이 있습니다만, 시간을 아끼고 근면을 미덕으로 여기는 사회에서 낮잠은 큰 죄를 짓는 행동입니다. 그래서 낮잠은 종종 서구 선진국과 개발도상국을 나누는 기준이 됩니다. 노동과 이익을 우선하고 생산성에 높은 점수를 주는 나라에서는 낮잠이 무익한 시간낭비로 폄하되기 때문입니다. 발전한 서구 국가들은 비서구 세계 사람들의 낮잠이 그들의 게으름과 끈기가 부족한 걸 상징한다고 여겼습니다.

점심을 먹은 뒤에 잠깐 즐기는 낮잠Siesta은 열대의 더운 나라에서는 필수라고 할 수 있습니다. 한낮엔 무더위로 일의 능률이 오르지 않으니 오히려 낮잠을 자 원기를 회복하는 것이 낫기 때문입니다. 낮잠이 자유와 자율성을 상징한다고 말한 사람도 있었습니다만. 낮잠은 게으름의 소산이 아니라 자연스러운 생리현상입니다. 최근의 연구는 점심식사 뒤에 즐기는 낮잠이 몸과 정신을 맑게 해 생산성을 높인다고 일러줍니다. 낮잠을 '이베리아의 요가'라고 부를 정도로 이베리아반도의 가톨릭 국가 스페인과 포르투갈은 한때 낮잠을 공식적인 근무시간에 포함했습니다. 부지런했던 처칠 수상이 복잡한 업무를 끝내려

* 낮잠은 게으름의 소산이 아니다.
  쿠르베Gustave Courbet의 '해먹'(1844)

면 일과 중에 낮잠이 꼭 필요하다고 주장한 것도 이런 뜻이었을 겁니다.

가장 먼저 산업혁명을 이루고 노동을 강조하고 게으름을 억누르는 문화를 이어온 영국에서도 본격적으로 근면이 강조되기 전에는 낮잠이 배척되지 않은 듯합니다. 영국의 대중문화를 연구한 역사학자 더글러스 레이드Douglas Reid는 17세기 말 버밍햄의 자영 직조공들이 새벽 세 시나 네 시에 일을 시작해서 정오가 되면 휴식했다고 소개했습니다. 이때 직조공들은 낮잠을 즐기거나 구슬치기를 하며 놀았습니다. 그들은 서너 시간의 휴식을 마친 뒤에 다시 옷감을 짰습니다.

'만만디'라는 수식어가 붙는 중국에서는 휴식이 관습이었습니다. 오후에 낮잠을 자는 관습도 꽤 널리 퍼졌던 모양이고요. 그러나 다른 비서구 세계가 그렇듯이 근대 이후에는 게으르지 않다는 걸 보이려고 낮잠을 자제하는 방향으로 흘러갔습니다. 낮잠이 근대적인 노동의 윤리를 거스른다고 보기 때문에 아시아와 아프리카의 뜨거운 열대와 적도 부근의 민족까지 이러한 논리를 따라 낮잠을 자지 않게 됐습니다. 낮잠이 사라지자 커피가 점심식사 뒤에 오는 졸린 현상을 억누른다며 인기를 끌었습니다.

서구를 닮고 근대화를 추진한 일본에선 근면이 종교처럼 받들어졌지요. 그래서 노동자를 열심히 일하라는 뜻에서 근로

자라고 불렀습니다. 당연히 라틴지방의 '시에스타'와 같은 낮잠을 게으름의 증표로 여겼습니다. 일본에서 낮잠은 오랫동안 금기였지요. 2003년 발생한 신칸센 사고가 차장의 졸음운전에서 나왔다는 것이 밝혀지면서 일본에서도 낮잠의 중요성을 다시 살피게 됐습니다. 이후 일본의 대도시에는 직장인들을 위한 '낮잠 방'이 생겨났습니다. 낮잠이 일의 집중도를 높인다는 연구결과도 많이 나왔습니다.

낚시는 움직임이 적은 아주 게으른 운동입니다. 그래서인지 모르겠지만 국가의 지배자들은 대개 사냥을 즐겼고 낚시를 좋아하지 않았다고 합니다. 전근대 동아시아의 문인들이 즐긴 낚시는 세속에서 몸과 마음을 해방하는 의미를 포함했습니다. 낚시는 떠들썩한 저잣거리의 복잡다단한 환경을 벗어난 자연에서 조용하고 은밀하게 이뤄집니다. 사냥이 역동성과 공격성을 드러낸다면, 홀로 물을 마주하고 앉아 움직이지 않는 낚시는 명상에 가깝습니다. 시간을 무한정 쓰고 생산적이지 않은 것이 게으름에 가깝지요.

왕이 될 기회를 놓친 조선의 왕자 월산대군은 유명한 낚시꾼이었습니다. 성종의 형인 그는 "추강에 밤이 드니 물결이 차노매라. 낚시 드리우니 고기 아니 무노매라. 무심한 달빛만 싣고 빈 배 저어 오노라"는 시조를 남겼습니다. 여기에서 근면이나 역동성을 읽을 순 없습니다. 보길도에 내려가 칩거한 16세기 말의 고산 윤선도도 낚시를 잘했다고 알려집니다. 그는 자연의 아름다움을 담은 〈어부사시사〉에서 고기잡이를 "속세에서 벗어난 깨끗한 일"이라고 해 생산적인 의미를 담지 않았음을 표현했습니다.

중국 주나라의 정치가인 강태공姜太公은 중국이나 한국에서 세월 가는 줄 모르고 낚시나 하는 사람, 생업을 버리고 허송세월하는 사람을 뜻합니다. 그러나 특별히 하는 일 없이 한가하게 낚싯대를 드리웠던 그를 게으르다고 할 순 없지요. 한량도 아니었고요. 강태공은 자신에게 남다른 능력이 있지만 운이 따르지 않자 낚시를 하며 묵묵히 때를 기다렸습니다. 숨은 인재를 찾던 주나라의 서백창은 낚시를 드리운 채 꾸벅꾸벅 졸고 있는 강태공을 만나 그 능력을 단박에 알아봅니다. 게으름이 아니라 기다림이었던 그의 낚시질은 고기를 낚은 것이 아니라 시간을 낚은 셈입니다.

여유롭게 살던 동아시아인은 차 한 잔을 마시는데도 시간을 많이 들였습니다. 시간을 아껴 일하느라고 홍차를 마신 영국과 달리 시간이 나서 유유자적하게 차를 마신 겁니다. 중국은 일찍부터 차를 마신 것으로 알려집니다. 진나라 때부터 차를 마셨다고 하지요. 위진남북조시대에는 주로 귀족계급이 차를 마셨으나 당나라에서는 차를 마시는 풍조가 민간사회까지 퍼진 것으로 알려집니다. 중국인은 차를 마시는 행위가 이른바

'군자의 기풍'과 일치한다고 여겨 더욱 선호했습니다. 차가 정신세계까지 영향을 미친 셈입니다. 중국인은 정성을 다해 차를 준비하고 대접하는 것을 중요하게 여겼습니다.

차를 마시는 공간과 시간은 평온과 안정을 의미했습니다. 그야말로 유유자적이었지요. 우리나라와 일본에 전해진 차 문화는 당나라의 다도문화였습니다. 삼국시대부터 차를 마신 우리나라는 고려시대의 귀족과 조선시대의 사찰을 중심으로 차 문화가 발달했습니다. 중국에서 그랬듯이 차 문화 확산에 큰 역할을 한 사람은 문인이었습니다. 일본은 헤이안시대 당나라에 유학한 승려들이 돌아와 차를 마신 것이 시작이었습니다. 1191년 중국에서 이식한 차나무 묘목이 사원에서 재배돼 전국적으로 퍼졌습니다. 일본은 나름의 다도를 문화로 발전시켰습니다.

술은 게으름과 함께 중국의 한시를 지탱하는 큰 기둥으로 여겨졌습니다. "봉황새는 굶어도 조를 쪼지 않는다"며 의롭지 않은 부귀와 명성을 멀리한 이태백은 술을 마시고 시를 지은 대표적인 인물입니다. 술 100잔에 시 100편을 지었다고 전해지지요. 술과 한시의 또 다른 대표시인 두보는 〈술을 마시며 여덟 신선을 노래함〉에서 "이백은 술 한 말에 시 백 편을 짓고, 장안 저잣거리의 술집에서 자더라. 천자가 불러도 배에 오르지 않으며, 스스로 '신臣은 술 속의 신선'이라 칭한다네"라며 이백의 게으르지만 게으르지 않은 생활을 읊었습니다.

고려시대 후기의 문인 이규보는 "손 내키는 대로 한 구절 시를 짓고, 입 내키는 대로 한 잔의 술을 마셨지"라고 노래했 습니다. 한 구절 시를 지으면 한 잔 술을 마셨다는 그의 모습은 당나라 시인 이태백을 떠올리게 할 정도로 분주함과는 거리가 멉니다. "한 잔 먹세그려. 또 한 잔 먹세그려. 꽃 꺾어 산 놓고 무진무진 먹세그려. 이 몸 죽은 후면 지게 위에 거적 덮어 주리 혀 매여가나." 조선시대 송강 정철의 〈장진주사〉에도 음주의 여유로움이 한껏 묻어납니다.

고대의 인도인도 술을 마신 것으로 추정됩니다. 고대 경전 《베다》에는 "나는 소마를 마셨다. 나는 불사신이 됐다. 나는 광 명을 얻었다. 나는 신을 가까이했다"라는 구절이 있습니다. 소 마蘇摩는 소마라는 식물의 줄기에서 뽑은 액체에 우유, 버터, 보릿가루를 섞어서 만든 술의 이름입니다. 아마도 당시에는 신 과 인간이 모두 소마를 즐겨 마신 것으로 보입니다. 음주가 노 동이나 생산적인 문제와 관련되어 사회적 배척을 받지 않았던 거지요.

게으름뱅이 사상

근대 이전의 동아시아 한국, 중국, 일본에서 게으름은 부정적인 의미보다 한가로움을 뜻하는 긍정적인 의미를 가졌습니다. 게으름은 경제적 이익을 추구하지 않는 것보다는 느림과 게으름과 무위가 연계된, 나태하다고 부를 정도의 여유로움이었습니다. 물론 여유와 게으름을 누린 사람들은 사농공상의 맨 윗자리에 있던 문인들이었습니다. 그들은 유럽의 귀족처럼 육체적인 노동에 종사하지 않았고, 사실상 유교적 견지에서 노동을 얕보는 입장이었습니다.

> 게으름은 있는 그대로 내버려 두는 것입니다. 그것은 슬기로움이나 너그러움의 한 형태죠. 이러한 삶의 방식은 한가로이 거닐기, 남의 말 들어주기, 꿈꾸기나 글쓰기처럼 사람들이 소중하게 여기지 않는 버려진 순간에 들어 있습니다. 게으름은 어디 아픈 것처럼 꼼짝도 하기 싫어하는 증세가 아니라 천천히, 느리게 있는 그대로 삶을 누리려는 몸가짐이자 마음가짐입니다.

게으름의 철학자로 유명한 쌍소는 이와 같이 게으름을 정의했습니다. 그가 정의한 게으름은 강에서 헤엄치는 물고기와 흐르는 계곡을 찬미하고 자연과 생명의 신비를 체험한 옛날 동아시아인의 한가롭고 유유자적한 생활과 닮았습니다. 벼슬살이를 하지 않고 고향의 자연에서 보낸 유교적 교양인인 그들은 욕망을 다룰 줄 알았고, 그래서 물질에 높은 가치를 두지 않았습니다.

서구인이 게으름이라고 불렀을 무위無爲, 즉 아무것도 하지 않음을 실천하고 설파한 대표 인물은 큰 표주박으로 배를 만들어 호수 위에 띄우고 푸른 하늘을 즐기겠다고 말한 중국의 장자입니다. 그는 "조정대신은 새벽이슬을 밟고, 철갑을 두른 장군은 밤새워 변방을 지킨다. 산사의 고승은 아직 잠에서 깨어나지 않았으니 명예와 이익은 한가로움만 못하다"면서 욕심을 버리고 자연으로 돌아가라고 가르쳤습니다. 또 장자는 "평생 다 쓰지 못할 많은 돈을 모으려고 열심히 일하는 부자는 생명을 유지하는 목적에서 너무 멀리 벗어났다"고도 했지요. 장자가 게으름을 정당화하고 권유한 것은 아니지만 더 많은 것을 가지려고 부지런히 움직이고 죽도록 일하라고 장려하지 않은 것은 분명합니다.

그보다 앞서 노자가 있었습니다. 가진 것에 만족하라고 권한 그도 오늘의 기준으론 게으름 예찬자라고 할 수 있습니다. 노자는 "과욕보다 더 큰 죄악은 없다. 탐욕보다 더 큰 결점은 없다"고 주장했습니다. 많은 서양인이 게으름뱅이 사상이라고 부른 노자의 무위는 서양의 게으름처럼 아무것도 하지 않는 것이 아닙니다. 그것은 장자가 말한 '소요유逍遙遊', 즉 '마음 가는 대로 유유자적하게 노닐 듯 살아가는 것', 자연의 흐름을 따르는 것이지요. 더 큰 것, 더 많은 것을 얻으려고 의식적으로 더 일하는 것과는 거리가 있습니다.

물론 중국 고대의 사상가 관중管仲이 지은 《관자管子》처럼 게으름을 경멸한 견해도 있습니다. 《관자》 제2편 〈형세〉에는 "게으른 사람은 항상 뒤처지기 마련이고, 근면성실한 사람은 신에게 비길 만큼 효과적으로 일을 처리한다"는 구절이 있습니다. 게으름은 나쁜 습관이기 때문에 일단 게을러지면 다른 일에 흥미를 느끼지 못하고 시간을 낭비한다는 뜻입니다. "우환 속에서는 살아남을 수 있으나 안락함 속에서는 죽는다"는 중국의 속담도 게으름과 나태를 경계하는 교훈을 줍니다.

어려움이 닥칠 것을 걱정하고 준비하면 생존할 수 있지만, 나태해지면 그렇지 못하다고 게으름을 깨우치는 이야기는 중국에도 많습니다. 일본과 한국에도 알려진 '견우와 직녀' 이야기도 게으름을 피우지 말라는 교훈을 담았지요. 옛날에는 옷감을 짜서 옷을 짓는 일과 소를 끌어서 농사를 짓는 일이 여자와 남자가 해야 할 가장 중요한 생업이라서 '직녀織女'와 '견우牽牛'라는 이름이 붙었습니다.

옛날에 베를 아주 잘 짜는 직녀가 있었습니다. 어느 날 직녀는 소를 아주 잘 모는 견우를 만났습니다. 두 사람은 일을 제대로 안 하고 매일 놀려만 다니느라고 맡은 일을 게을리했습니다. 견우가 돌보던 소가 날뛰는 바람에 하늘나라는 엉망이 됐고, 직녀가 게을러서 선녀들이 겨울에 입을 옷이 부족해 추위에 떨어야 했습니다. 하늘에 있는 옥황상제는 일을 하지 않은 죄를 물어 두 사람에게 1년에 한 번만 만나는 벌을 내렸습니다.

중국 삼국시대가 배경인 역사소설 《삼국지》에 나오는 유비의 일화도 게으름을 경계하는 이야기입니다. 유비는 형주의 유표에게 몸을 의탁하고 여러 해를 보냈습니다. 그는 어느 날 유표가 주선한 술자리에서 화장실에 들렀다가 자신의 허벅지에 살이 찐 것을 깨닫습니다. 오랫동안 말을 타지 않아 허벅지에 군살이 붙은 걸 보고 허송세월을 보낸 것에 눈물을 흘립니다. 아무것도 하지 않고 편안한 생활을 누리는 걸 뉘우친 유비는 마침내 대업을 이룹니다.

중국 고대 진나라 이전의 사상가들은 게으름을 경멸했습니다. 공자는 정치와 사회가 불안한 한 원인으로 무력함을 짚었습니다. 어느 날 "어떻게 하면 백성의 존경을 받을 수 있는지"라는 질문을 받은 그는 "게으름이 없어야 한다"고 대답했지요. 유가는 근면을 가르칩니다. 성군으로 여겨지는 중국 주나라의 문왕이 공자의 답변에 부합하는 사람이었을 겁니다. 부지런하다고 소문난 그는 이른 아침부터 낮까지 밥 먹을 시간도 없이 일했고, 종종 밤을 새워 국사를 처리했습니다. 황제의 본을 받은 신하들도 게으름을 피울 수 없었다고 합니다.

그러나 20세기 초반에 활동한 중국계 미국인 작가 임어당은 전근대 중국인을 늘보주의자로 여겼습니다. 1938년 출간한 저서 《생활의 발견》에서 중국인이 침대에서 보내는 시간을 설명하는 데 한 장을 들인 그는 게으름을 찬양한 인물입니다. "현자는 분주하지 않다. 분주한 자는 현자가 될 수 없다"고 믿은 그는 게으른 사람이 진정한 문화인이라고 했습니다. 종종걸음을 하고 밥을 뚝딱 먹어치우며 말을 따발총처럼 쏘아대는 사람이 좋은 인상을 주지 않는다고도 했습니다.

"효율성을 추구하고, 시간을 정확히 지키며, 성공하기를 희망하는" 것이 미국인의 세 가지 악습이라고 지적한 임어당은 중국인의 게으름을 깊고 오랜 습관이라며 좋게 생각했습니다. 그는 도연명의 생활태도를 인생의 가장 높은 경지로 여겼지요. 특히 "동편 울타리에서 국화꽃 따 들고, 그저 멍히 남산을 바라보네"라고 읊은 도연명의 시가 중국의 게으름을 대변한다고 말했습니다.

중국 문화는 동적인 서양 문화와 달리 정적인 문화라고 소개됩니다. 근면과 절제를 이르는 유교의 영향이 없지 않았으나 일반적인 중국인의 움직임은 성급하다곤 할 수 없었습니다. '천천히'라는 뜻을 가진 '만만디慢慢的'는 지금도 중국인의 기질을 대표하는 표현으로 쓰이니까요. 만만디는 중국인의 비효율적인 습관과 게으름을 상징하지만, 느긋하고 여유로운 대륙적 기질에 대한 긍정적인 시각도 포함합니다. 근대 서구와 비교하면 게으르고 느리지만, 그 자체로 부정적이진 않은 겁니다.

만만디한 중국인과 달리 일본인은 일반적으로 부지런하다는 평을 받습니다. 서구에 자본주의와 산업사회를 가져온 프로테스탄트의 윤리처럼 근면하고 저축하는 자질을 가졌다고 여겨집니다. 특히 일본인은 메이지유신 이후 근면과 저축을 일종의 생활규범으로 여기고 '탈아입구脫亞入歐'를 외치며 '아시아에 있는 서양'을 자처하며 산업화를 추진했습니다. 19세기 후반에는 비서구 세계에서 가장 먼저 근대화를 이뤘고, 유일한 비서구 출신 제국이 됐습니다. 일본 국민의 근면과 저축이 그 성공의 원동력으로 꼽혔지요.

일본인은 쉬지 않고 몸을 움직이며 단조롭고 반복된 일을 견뎌내는 근면을 높이 칩니다. 이는 근대에만 장려된 가치는 아니었습니다. 일본에는 지게를 지고 걸어가면서 책을 읽는 니노미야 긴지로二宮金次郎의 동상이 많이 보입니다. 그는 도쿠가와 막부시대에 가난하지만 열심히 공부해 출세한 전설적인 인물로 농촌운동가가 되어 근면을 설파한 인물입니다. 1945년 이

전 일본 소학교 교과서에는 그가 메이지천황 다음으로 많이 등장했으니 일본 학생들은 그를 닮으라는 소리를 들으며 자란 셈입니다.

※ 니노미야 긴지로 동상

일본인의 근면성에 대한 지정학적 해석도 있습니다. 농경민족인 일본인은 가을이 되면 기온이 크게 떨어지는 겨울에 먹을 식량을 수확하고 비축하는 전통을 가졌고, 수확기인 가을에 모든 사람이 열심히 일했다는 겁니다. 우화 '개미와 베짱이'에 나오는 베짱이처럼 게으름을 피우면 겨울을 넘길 수 없다는 걸 잘 아는 일본인들이 주변 환경에 적응하기 위해 개미처럼 열심히 일하면서 근면성을 체득했다는 해석입니다.

근원이 무엇이든 근면함은 일본인이 자랑하는 최고의 덕목입니다. 2008년 일본 내각부가 실시한 일본인의 사회의식에 대한 여론조사에서도 근면함이 최고의 덕목으로 꼽혔습니다. "아침에는 새벽별, 밤에는 밤별, 낮에는 우메보시(매실 장아찌)로 밥을 먹고 힘을 다하는 것이 성공의 기초"라는 일본에 널리 알려진 노래도 일본인의 근면성을 잘 일러줍니다. 이런 사회에서 나태와 게으름, 느림과 무기력은 설 자리가 없습니다. 일본이 세계가 놀랄 정도로 빨리 근대화를 이루고 서구 국가들과 대등하다고 나선 것은 국민들의 근면성과 무관하지 않았습니다.

일본인들에게는 강요되지 않을 때에는 어떤 노력도 마음 내키지 않는 뿌리 깊은 기질이 있다. 그것은 고양이의 나태성과 같다. 고양이는 싸움을 걸어오면 모든 동물 중 가장 영악하며 공격할 생각이 전혀 없었던 적대자를 대비시키는 경우가 가끔 있다. 그러나 필요성에 의해 압력을 받지 않을 때에는 고양이는 아무것도 하지 않는 것을 더 좋아한다. 일본인들의 이 감정을 우리는 나태성, 철학적 정일精一, 야심의 결핍 또는 스파르타식 욕망의 단순성 등으로 부를 수 있다.

인간의 본성은 비슷한 모양입니다. 19세기 말에 기록된 《일본공사관일기》에는 일본인의 다른 이미지가 드러납니다. 근대 이전의 일본인은 근면을 최고의 가치로 여기지 않았던 것이지요. 무사계층인 사무라이들은 전쟁이 없을 때는 검소한 집에 살면서 무예를 연마하고, 농민을 지도했습니다. 중세 인물 요시다 켄코吉田兼好는 게으름에 관한 수필을 써서 유명합니다. 《그저 혼자서 아무 할 일이 없어서》라는 제목이 붙은 수필집에서 그는 자고 일어나고 바쁘게 움직이는 것은 모두 오래 살고 이익을 얻고픈 욕망에서 비롯된다고 말했습니다. 그는 할 것이 없고 하지 않아도 될 때가 행복하다며 "세상에 적응하면 이승의 더러움에 묻히고, 곧 갈 길을 잃는다"는 말로 게으름과 여유를 가진 삶을 기렸습니다.

*
* *

근수자와 용부

조선에서도 지배층인 양반은 충忠과 효孝를 근거로 농민과 노예의 근면을 장려했습니다. 다른 세계에서 그랬듯이 근면에 대한 강조는 힘을 가진 자들이 힘이 없는 자를 통제하는 방법이었지요. 《태종실록》에는 환관인 노희봉의 모친이 죽자 "이 사람은 아침부터 밤늦게까지 게으름이 없고 매우 공로가 있다"면서 왕이 종이 100권과 초 10정, 쌀과 콩 30석을 부의賻儀로 내렸다는 기록이 나옵니다. 게으르지 않은 자에게 상을 주어 다른 사람들에게 모범이 되도록 한 겁니다.

유교를 기치로 내건 조선시대에는 부지런함이 장려됐습니다. 《조선왕조실록》에는 관리들의 근면을 강조하는 내용이 적지 않습니다. 세종 19년에 사간원에서 올린 상소에는 지방관들의 게으름이 언급됐습니다. 벼슬아치들이 처음에는 부지런하다가 세월이 지나고 때가 변하면 게을러진다고 했습니다. 300

여 년이 지난 영조시대에도 "백관의 게으름이 날이 갈수록 심하여" 그 분발을 촉구하는 상소가 있었습니다. 초심을 잃지 않은 자는 그때도 드문 모양입니다.

《정조실록》 11권에도 농민들에게 부지런함을 권장하고 게으름을 경계하도록 올바른 정사를 펼치라고 지방관에게 유시하는 내용이 있습니다. 왕은 "부지런히 하는가, 혹은 게을리하는가에 따라 내가 그에 합당한 상도 내리고 벌도 내리겠다"고 하지요. "풍년과 흉년이 하늘에 달렸다고 말하지 말라. 사람이 부지런히 하거나 게을리 하는 것에 달려 있다." 정조대왕은 종종 도백과 유수, 수령에게 농사를 권장하고 농민들이 게으름을 피우지 않도록 잘 살피라고 명했습니다.

농업을 강조하고 그러기 위해 게으름을 경계하는 모습은 조선 초기부터 보입니다. 《조선경국전》에는 "농사와 양잠은 의식의 근본이니, 왕도정치의 우선이 되는 것이다. 우리나라에서는 중앙에 사농관, 지방에 권농관을 두어 백성들의 부지런함과 게으름을 조사하여, 부지런한 사람은 장려하고, 게으른 사람은 징계하게 했으며, 풍기를 맡은 관리로 하여금 그들의 직책 수행 여부를 조사하여 잘하는 사람은 승진시키고 잘못한 사람은 폐출시키게 했다"라는 내용이 나옵니다.

관리의 게으름을 관리하는 국가와 달리 유학을 배운 개인들에겐 게으름을 누리는 분위기가 생겼습니다. 조선시대에 불교가 쇠퇴하고 주자학이 발달하면서 자연에 묻혀 학문과 수양에 전념하고 절의를 지키며 유유자적하는 풍조가 퍼졌기 때문입니다. 조선 전기의 문인 강희맹姜希孟은 "게으름이 오면 손을 얹고 구름산을 바라보고, 거리에는 수레와 말이 끊어져 문득 한가한 것 같다. 글귀를 찾다가 갑자기 얻어지면 다시 한 번 웃나니, 이상한 새가 놀라 일어나 추녀 끝을 스친다"며 게으름을 노래했습니다. 조선 후기의 연암 박지원이 《양반전》에서 느릿느릿 걷는 것이 양반이라고 했을 정도로 당시 지배층의 모습은 여유로웠습니다.

조선시대를 연구하는 학자들은 조선의 시대정신을 '선비정신'이라고 부릅니다. 한가로움과 풍류를 즐긴 선비들은 불교와 유교의 윤리의식에서 영향을 받은 청빈사상을 실천했습니다. 가난을 행복으로 여기며 허례허식을 배격하고 사치와 낭비를 하지 않는 청빈한 생활은 "향을 피우지 않고 초를 밝히지 않으며 잔치를 베풀지 않는 것"을 의미했습니다. 여기에는 음악을 듣지 않고, 색깔이 있는 옷을 입지 않으며 가재에 칠이나 조각을 하지 않고 거친 음식을 먹는 것도 포함됐습니다. 선비들의 기본 생활태도인 청빈사상은 하나의 전통이 됐습니다.

"분수를 알고 벼슬에서 물러나 진리를 알려고 하나 이미 늙었도다. 비로소 개울가에 거처를 정했으니 흐르는 물을 보며 날마다 성찰하리." 조선 중기의 학자 퇴계 이황은 〈퇴거계상退

居溪上)란 시에서 이런 입장을 표현했습니다. 그에게 바람직한 선비의 자세는 유유자적하면서도 "옷깃을 단정히 하고 잔잔한 긴장을 잃지 않는 것"이었습니다. 비슷한 시기에 살던 문인 윤선도도 관직을 버리고 낙향한 뒤 아름다운 자연에 묻혀 유유자적한 삶을 살았습니다.

선비들의 청빈한 생활은 칭송을 받을 때도 있고 야유를 받을 때도 있었습니다. 이희승의 수필 《딸깍발이》는 선비정신을 남산골샌님에 빗대었습니다. 서울의 남산골에 살던 선비들이 '딸깍발이'라고 불린 이유는 가난해서 여벌의 신이 없는 그들이 비가 오지 않는 날에도 나막신을 신기 때문이었지요. 선비의 가난은 게을러서가 아니라 비세속적인 생활과 가난을 가치로 여기는 자발적 선택이었습니다.

선비가 게으름뱅이는 아니었습니다. 이성계를 도와 조선 왕조를 연 권근權近은 선비의 도리를 "현달하면 벼슬에 나아가 도를 실천하고 벼슬을 못하면 농사에 힘쓰는 것"이라고 정의했습니다. 그보다 한참 뒤인 16세기의 율곡 이이는 《동호문답》에서 선비를 "관직에서 물러나 있을 때, 큰 뜻을 품고 능력이 있는데도 여러 사정으로 은둔하면서 도를 닦고 있는 선비를 천민이라 부르고, 자신의 능력이 부족하다는 것을 절감하고 수양과 능력을 연마하는 데 힘쓴 선비를 학자라고 부른다"고 해 무엇인가를 하려고 노력하는 자를 더 낮게 평가했습니다.

그래서 "선비는 덕을 닦지 못함을 걱정하고 이름이 세상에 알려지지 않음을 걱정하지 않는다. 학문이 넓지 않음을 걱정하고 맡은 일이 없음을 걱정하지 않는다"며 선비의 자세에 대해 말한 조선 후기의 실학자 이익은 선비가 평생 생업에 종사하지 않고 독서만 하는 것이 가정이나 세상에 도움이 되지 않는다는 엇갈리는 견해도 내놓았지요. 실학자로 분류되는 그는 《성호사설》에서 게으름을 조선 사회가 가진 여섯 가지 폐단 중 하나로 지적했습니다.

유교에선 절약과 근면, 성취를 위한 지속적인 노력을 중요하게 여겼습니다. 어떤 점에선 근대 프로테스탄트 윤리와 닮았지요. 조선 중기의 학자 박승朴承도 〈근잠勤箴〉에서 근면이 성공의 바탕이라고 말하고, 근면하지 않고도 얻은 것은 허명무실하다고 해 이런 사상을 확인했습니다. 조선을 유교의 나라로 만든 조선에서 가장 유명한 인물인 송시열이 도둑질을 일삼는 평민과 가난하게 사는 양반을 다 나태하고 게으르다고 본 건 그런 이유였습니다. 노동을 강조한 그는 생산에 종사하지 않는 자신을 '좀벌레'에 비유했습니다.

그러나 유유자적은 농민들의 몫이 아니었습니다. 그들에게 게으름은 일종의 사치였지요. "굶주림을 참고 땅을 갈며 땀을 뿌리치고 김을 매느라 몸이 흠뻑 젖고 발이 흙투성이가 되며 힘줄과 뼈가 시큰거리고 피로하도록 일을 하니, 천하에서 매우

※ 진정 게으른 자는 누구인가?
　김홍도의 '타작도'

고생스러운 일은 농사보다 더 심한 것이 없을 것이다."《정조실록》에 언급됐듯이 농민들은 그렇게 해야 겨우 생존이 가능했습니다. 이미 가난한 터에 게으름을 부릴 순 없었습니다.

조선 후기에 활동하며 산수화와 풍속화에서 새로운 경지를 개척한 김홍도는 당시 풍속을 알려주는 귀중한 그림을 많이 남겼습니다. 그가 그린 벼를 타작하는 그림에는 가을걷이에 나선 농민들이 보입니다. 열심히 일하는 그들 옆에는 긴 담뱃대를 물고 신을 벗고 자리를 깔고 앉아 술을 마시는 양반도 있습니다. 사실 게으르게 길게 누워 있는 양반의 유유자적은 적어도 먹을 것을 걱정하지 않을 때나 가능한 행동입니다. 가난이 가진 것의 전부인 농부들은 일을 해야 했으니까요.

《우리문화의 수수께끼 2》(주강현. 2004)에는 '황두'가 소개됐습니다. 황두는 마을마다 20~30명의 농민들이 '군대'처럼 엄격한 작업 단위를 이루어 김매기를 수행한 조직이었습니다. 평안북도 박천군의 황두꾼들이 일하며 부르던 호미매기 노래에는 농민의 고단한 노동이 그대로 묻어 있습니다. "빙혈냉수 길어다가 시원하게 먹자구나 에-헤이야 에-헤이야 호-호메가 논다 어떤 사람 팔자 좋아 금의호식 잘 먹고 잘 쓰는데 이 녀석의 팔자는 왜 이다지도 곤궁한고. 에-헤이야 에-헤이야 호-호메가 논다." 농부들이 게으르다는 신화는 어디서 나왔을까요?

한 농부가 살았다. 그는 '어떤 놈은 팔자 좋아 말 타고 한양 가서 과거하는데, 이놈의 신세는 하릴없이 땅만 파니 부모 잘못 만난 것이 원수로다!'며 푸념했다. 양반들이 쓰고 다니는 정자관을 써 보는 것이 소원인 농부는 고개를 넘다가 나무 아래에서 바둑판을 앞에 놓은 한 노인을 만났다. 노인은 "자네 한가하거든 나와 바둑이나 한 수 두세그려"라고 말했다. 농부는 바둑을 둘 줄 알았기 때문에 내기바둑을 청했다. 노인은 이를 쾌히 승낙하면서, "만일 내가 지면 내 머리 위에 있는 정자관을 주려니와 자네가 진다면 술 한잔만 받아 오게나!" 했다. 농부는 단판에 이겼다. 희색이 만연한 농부는 약속대로 정자관을 내 놓으라고 말했다. 노인은 순순히 벗어 놓았다. 농부는 "영감의 실수이니 나를 원망치 마시오" 하면서 관을 머리에 썼다. 그런데 이게 웬 일인가! 갑자기 몸에서 황소털이 돋아나고 머리에 썼던 정자관은 쇠뿔이 되어 머리에 들러붙었다. 그뿐 아니라 육신이 점점 커지더니 네 발로 서야만 몸을 가눌 수 있었다. 농부가 커다란 황소가 되자, 노인은 느닷없이 고삐를 씌웠다. 소로 변해 고삐를 쓴 농부는 움직이지 못하고 노인이 이끄는 대로 끌려가면서 생각하니 기가 막혔다. 길 가는 사람을 보고 좀 구해달라고 아무리 소리쳐도 입에서는 '음메~' 소리밖에는 나오지 않았다. 하릴없이 소가 되어 장에 끌려가면서 '다시 돌아올 수 없게 됐구나!' 생각하니 처량하기가 이를 데 없었다. 고개에 이르자 소가 된 농부는 목 놓아 울었다.

영문도 모르고 지나가던 사람들은 웬 소가 저 모양으로 극성스럽게 우냐고 했다.

소가 되어 장에 끌려온 농부는 어느 사람에게 팔렸다. 노인이 소를 건네며, "이 소는 절대 무밭 곁에는 데려가지 마시오! 만일 무를 먹으면 그때부터 소를 부리지 못하게 되오이다"고 말했다. 소가 되어 팔려간 농부는 밤낮 고된 일에 시달렸다. 밭도 갈고 논도 갈고 짐도 날랐다. 그러다가 조금만 꿈지럭거리면 회초리로 얻어맞으며 갖은 고초를 겪었다. 이삼 년을 견디다 못한 농부는 무나 실컷 먹고 죽어야겠다면서 무밭으로 가려고 했지만, 노인이 미리 단속을 해두었기 때문에 그도 맘대로 할 수가 없었다.

가을이 오고 김장철이 되자, 주인은 무를 마당 한가운데 잔뜩 쌓아놓았다. 소가 된 농부는 밤이 되자 천신만고 끝에 외양간을 빠져나와 마당에 쌓아둔 무를 밤새도록 먹어 치웠다. 새벽녘이 되자 머리에서 뭐가 툭하고 떨어졌다. 내려다보니 노인과 바둑을 둘 때 얻어 쓴 그 정자관이었다. 그것이 벗겨지니 신기하게도 본래 모습으로 돌아왔다. 농부는 그 저주스러운 정자관을 갈래갈래 찢어 던지며, '이놈의 감투 이제는 쳐다보지도 않으리라' 하고 자기의 잘못을 깨닫고 착한 사람이 됐다.

게으름을 피우다가 '소가 된 농부 이야기'는 지역에 따라 여러 버전이 있습니다. 위에 소개한 경기도 용인 지방에서 전

승되는 '감투를 쓰고 소가 된 농부 이야기'도 그중 하나입니다. 일하기를 싫어하며 부귀와 권세를 부러워하던 농부가 양반들이 쓰는 감투를 써보고 싶어서 내기를 했다가 소가 된 뒤에 마음을 고쳐먹게 됐다는 이야기지요. 이 이야기에서도 게으름에 대한 지배층의 시각이 잘 드러납니다. 게으름을 부정적으로 다루거나 비판의 형태를 보일 때 그 화살이 양반이나 힘을 가진 사람을 향하는 경우는 드뭅니다.

"게으른 머슴은 칠월이 바쁘다." "게으른 머슴은 저녁나절이 바쁘다." 게으른 머슴에 관한 속담처럼 부림을 당하는 낮은 계층에겐 게으름이 미덕이 될 수 없었습니다. 농사가 어느 정도 마무리된 7월이면 그 해의 작황을 알 수 있는데, 이때 수확이 많지 않을 것을 알고 뒤늦게 자신의 게으름을 탓한다는 뜻입니다. 게으른 머슴이 해가 서쪽에 있을 때 열심히 일한다는 속담도 일을 제때에 하지 않고 미루다가 결국 나중에 후회하게 된다는 어리숙한 머슴의 이미지가 담겼습니다.

세상은 빨리 변해 가는데도 오히려 이 게으름은 붙여 두고, 몸은 미약하면서도 오히려 이 게으름은 간직하여, 집 한 채가 있는데 풀이 우거져도 게을러서 깎지 아니하며, 책 1천 권이 있는데 좀이 생겨도 게을러서 펼쳐 보지 아니하며, 머리가 헝클어져도 게을러서 빗지 아니하며, 몸에 병이 있어도 게을러서 치료하지 아

니하며, 남들과 희소하며 노는 일도 게으르며, 남들과 오가는 일
도 게으르며, 입은 말을 게을리하고, 발은 걸음을 게을리하며, 눈
은 보는 것을 게을리하여, 땅을 밟거나 일을 당하거나 무엇이든
지 게으르지 않는 것이 없는데……

명문장가로 이름이 높은 고려의 이규보는 일종의 잡문인
〈게으름을 풍자함〉에서 지배층의 게으름을 위와 같이 묘사했
습니다. 유유자적하는 선비들의 게으름이 크게 비판받지 않
았음을 알 수 있습니다. 이러한 견해는 "평생에 뜻하던 것 이
미 다 틀렸는데, 게으르고 성기기 열 배나 더한 것 어찌하리.
낮잠을 깨고 나니 꽃 그림자 옮겼는데, 잠깐 어린애 손을 잡고
새로 핀 연꽃을 보네"라는 조선 초 문인 이첨李詹의 시에도 반
영됐습니다.

조선시대 초에 게으름뱅이를 찬양하는 소설이 나온 것은
이런 입장의 연속선상에서 이해할 수 있겠습니다. 성간成侃이
한문으로 쓴 일종의 전기소설인 〈용부전慵夫傳〉에는 부귀영화
를 추구하느라 밤낮없이 바쁜 상층사회에 반감을 느끼지만 대
적할 수 없는 주인공이 등장합니다. 그는 근면과 성공을 강요
하는 사회에서 게으름뱅이가 되는 것으로 지배적 이념과 가치
에 저항합니다. 주위사람들은 모든 일에 의욕을 잃고 아무것도
하지 않고 살아가는 그를 게으름뱅이라고 불렀지요. 가족들은

그의 게으름 병을 고치려고 무당까지 부르지만, 게으름뱅이의 게으른 사정은 나아지지 않습니다.

게으름뱅이라고 부른 주인공의 게으름을 한번 짚어볼까요? 그는 집에 책을 5000권이나 가지고 있으나 게을러서 읽지 않습니다. 글을 읽어서 사회적으로 성공하지 않겠다는 뜻입니다. 같은 이유로 용모에도 신경을 쓰지 않지요. 머리가 헐고 몸에 부스럼이 나도 치료를 받지 않고 게으름을 부립니다. 역시 사회적 성공을 염두에 두지 않는 행동이입니다. 그는 방에 앉아 있는 것도 귀찮아하고 길에서 걷는 것도 귀찮게 여깁니다. 그야말로 요즘의 '귀차니스트'였지요.

그러자 학문을 이룬 근수자勤修子(부지런한 사람)라는 사람이 그의 게으름을 고치겠다고 찾아옵니다. 머리를 풀어 산발인 용부는 눈을 둥그렇게 뜨고 다리를 쭉 뻗은 채 앉아 있었습니다. 다. 근수자는 부지런한 사람은 성공하지만 게으른 사람은 실패한다고 가르칩니다. 그러면서 성인으로 일컬어지는 중국 주나라의 문왕이 부지런하게 일했던 것을 예로 들었습니다. 부지런함은 하늘의 뜻이니 어겨서는 안 된다고도 알려주었고요.

용부는 근수자가 주장하는 부지런함의 효용성을 반박하고 게으름이 유용하다고 오히려 근수자를 가르칩니다. 인간은 겨우 100년을 사는데 아침부터 저녁까지 분주하게 돌아다니며 온갖 일을 하다가 밤에는 잠을 제대로 자지 못하고 잠꼬대를 하다가 아침을 맞아 다시 일상을 반복하는 것이 무슨 소용이 있느냐고 근수자를 쫓아냅니다.

곰곰 생각을 다듬은 근수자는 술을 담은 그릇과 여자를 데리고 용부를 찾아가 세상을 함께 즐기자고 권유합니다. 그 말을 들은 용부는 반갑게 웃으며 달려 나옵니다. 그동안의 게으름은 간 데 없고 민첩하게 움직인 용부는 근수자와 술을 들면서 즐거운 시간을 보냅니다. 근면과 영달을 권하는 사회에서 저자 성간의 분신인 용부는 자연스런 삶을 추구하며 게으름의 가치를 지지한 겁니다.

조선시대 말의 학자이자 우국지사인 황현黃玹이 기록한 역사서《매천야록》을 보면, 왕도 게으르다는 비판에서 자유로울 수 없음을 알 수 있습니다. 책에는 19세기 말의 고종 임금이 놀기를 좋아하여 밤마다 잔치를 열고 음란한 생활을 했다고 적혀 있습니다. 새벽까지 놀다가 잠이 든 왕은 오후 세 시나 네 시에 일어났답니다. 그러자 장관들도 게으름을 피우고 조정의 기강이 해이해졌답니다. 이러한 비판에는 망국을 바로잡지 못하는 왕이나 조정에 대한 안타까움이 깔려 있습니다. 근대 서구의 시간개념을 내면화한 일본의 영향이 이미 조선 사회에 퍼졌다는 것도 알 수 있습니다. 이때부터 게으름은 망국의 원인으로 여겨지기 시작했습니다.

펭귄은 날지 못하느니 이 책은 수많은 우화와
업사회의 기반이 된 이래 게으름을 경고하
은 제목을 단 책들은 자신이 게으르다고
은 쫓아내야 할 '나쁜 그 무엇'입니다. 그
다. 20세기 전반 영국의 철학자 러셀Ber
을 권장했습니다. 지금도 활동하는 '느림
을   떳 떳 하 게   즐 기 **무사태평 조선사**
게 게으름을 권유하는 내용입니다. 저는 이
동안 동서양의 학자들은 부정적인 의미를
다. 동서양의 게으름을 고고학적으로 실
이 게으름은 어떤 의미를 가지고 어떻게

04

식민주의와 게으름[*]

럼 게으르면 가난해진다거나 게으른 자는 성공할 수 없다는 교훈을 말하지 않습니다. 근면이 근대 산
라고 일러주는 책은 이미 많이 나**백인의 짐** 왔습니다. 《게으름이여, 안녕!》 《게으름 퇴치법》 같
이들에게 마치 악마를 쫓아내는 주술사처럼 게으름을 퇴치하는 방법을 일러줍니다. 여기서 게으름
 약간의 멋과 여유로움을 담아서 게으름을 찬양하지 않습니다. 게으름을 찬양하는 책도 아주 많습니
펴낸 《게으름에 대**게으른 원주민** 한 찬양》은 열심히 일하는 당시 사회를 향해 게으르게 살 것
Poerre Sansot도 게으른 생활을 권유합니다. 서구에서 나온 《오래 살려면 게으름을 즐겨라》 《게으
으름의 즐거움》 같은 책들은 모두 러셀과 쌍소처럼 사회적으로 어느 정도 성공한 사람들이 여유롭
이 나쁘다고 여겨지고 게으른 행동에 죄책감을 갖도록 부추기는 역사와 문화에 대해 생각해봅니다. 그
을 주목하지 않았습니다. 그래서 게으름에 대한 학문적인 연구는 거의 없습**모든 일에 근면하라** 니
째 계획이 다소 어긋난 것도 발**복제된 게으름의 신화** 굴된 기록이 많지 않기 때문입니다. 이 책
흔적을 추적하면서 게으름을 자책하는 사람들에게 약간의 해방감을 주길 희망합니다. 게으름이 '나쁘

***

펭귄은 날지 못하느니

한 도덕가가 청중을 향해서 말문을 열었다.

"자, 우리 펭귄을 한번 생각해봅시다."

그러나 펭귄은 도덕가를 무시했다. 그가 추운 북극해에서 벌벌 떨면서 떠드는 걸 상관할 바가 아니라고 여긴 펭귄은 그저 아침마다 하는 수영을 시작할 것인지를 생각했다.

"우리는 펭귄에게서 무엇인가를 배울 수 있습니다."

도덕가가 펭귄에게 손을 흔들면서 말을 계속했다. 펭귄은 그 모습이 오만하다고 느꼈다.

"나태한 본능에 굴복한 결과를 말입니다."

펭귄은 도덕가를 응시했다. '난, 한 번도 나태한 적이 없었어.' 펭귄은 중얼거리며 한숨을 내쉬었다.

도덕가는 말을 계속했다.

"자, 펭귄을 보세요."

도덕가의 손짓이 다시 펭귄을 가리켰다. 펭귄은 도덕가를 더 이상 주목하지 않고 바닷가로 걸어갔다.

"펭귄을 보세요. 펭귄은 날지 못합니다. 수세기에 걸친 게으름 때문에 날지 못하게 된 것이지요."

펭귄이 떠났다는 것을 알지 못하는 도덕가는 의기양양하게 말을 맺었다.

그러는 동안에 진화된 수영복을 입은 펭귄은 적응력이 뛰어난 날개로 파도 위를 날았고, 길이 없는 대양을 자유롭게 걸어 다녔다.

인도 출신의 페미니스트 수니티 남조시Suniti Namjoshi는 《페미니스트 우화Feminist Fables》에서 도덕가가 펭귄을 판단하듯이 힘을 가진 남성이 여성을 열등하다고 판단하는 것을 비꼬았습니다. 펭귄처럼 실제의 여성이 열등하지 않다는 사실을 은유했고요. 남성을 상징하는 도덕가의 자리에 근대 서양을, 펭귄의 자리에 그 지배를 받은 아시아와 아프리카의 여러 나라를 대입할 수도 있겠습니다. 도덕가가 펭귄은 나태해서 날 수 없다고 오만하게 판단했듯이 비서구 세계를 지배한 백인들은 유색인들이 선천적으로 게을러서 낙후했고 그래서 근면한 서양이 그들을 지배하는 것이 당연하다고 주장했습니다.

적당하게 유리한 고지에 올라서서 국제정세에 어두운 동양을 아래로 내려다보며 판단한 서구는 힘을 가진 관찰자들이었지요. 관찰되는 펭귄, 즉 동양=비서구 세계는 말을 할 수 없었으므로 나태하고 날 수 없다는 도덕가의 일방적인 판단을 받았습니다. 강자가 승자가 되어 기록한 역사에서 패배자는 실패자

✳ 유럽인은 아프리카인이 천성적으로 게으르다고 여겼다.
찰스 벨Charles Bell의 '첫 유럽인을 본 남아프리카인'(1652)

로 표현되고, 그 패배자는 내재적으로 부족하고 게을러서 졌다고 여겨졌습니다.

《오리엔탈리즘Orientalism》으로 유명한 에드워드 사이드Edward Wadie Said의 말을 빌리면, 약자인 동양(비서구 세계)은 말할 수 있는 힘 센 서양을 돋보이게 하는 존재였습니다. 곧 동양이 열등하면 서양은 우수하고 동양이 후진적이고 비합리적이면 서양은 진보적이고 합리적으로 여겨지지요. 따라서 열등한 동양의 이미지는 서양의 우월하다는 정체성을 완성해주고 확인해줍니다. 동양의 게으름도 서양의 근면을 돋보이게 만들었습니다.

1798년판 브리태니커 백과사전에는 흑인이 다음과 같이 정의됐습니다. "이 불행한 족속은 최악의 인격적 결함을 지니고 있음. 나태, 반역, 복수, 잔학, 후안무치, 절도, 기만, 불경, 방탕, 불결, 방종 등의 악덕으로 인해 이 종족에게는 자연법의 원칙이 소멸됐고 양심의 가책도 없음." 유색인의 부정적 측면을 강조할수록 "나태, 반역, 복수, 잔학, 후안무치, 절도, 기만, 불경, 방탕, 불결, 방종"이 없는 백인은 도덕가가 됐습니다. 동양은 서양이 아니었고, 도덕적인 서양은 야만적인 동양과 다르다고 여겨졌지요.

'시간은 금'이라는 사고방식을 지닌 서양인들은 느린 중국인을 경멸했습니다. 50여 년간 중국에 체류한 한 미국인 선교

사는 중국인에겐 아예 시간관념이 없다고 말했습니다. 서구인들은 아프리카, 아랍, 동남아, 남미의 시간개념이 자기들의 것과 다르다는 걸 인정하지 않았습니다. 예를 들면, 인도에서 내일과 어제는 같은 단어입니다. '몇 주 후'나 '조만간'처럼 부정확한 표현을 자주 쓰는 곳도 이들 세계입니다. 그것이 야만이나 서양의 지배를 받아야 할 충분조건은 아닙니다.

2장에서 근대 유럽의 정치가들과 자본가들이 부지런하다고 여겨진 반면에 사회 주변부의 가난한 사람들이 게으르다고 인식되는 과정을 살펴보았습니다. 서구의 지배를 받는 유색인들도 게으르다고 여겨졌습니다. 게으른 자는 늘 약자였으니까요. 게으름은 단순히 생활조건에서 나오는 것이 아니라 동양인, 유색인의 고유한 천성으로 간주됐습니다. 유색인들은 노동자이건 중산층이건 모두 다 게으르다고 여겼습니다. 그 이유는 게으름을 그들의 본질, 민족성이라고 생각했기 때문입니다.

나태한 동양, 게으른 원주민이라는 신화는 식민이념 가운데 하나였습니다. 식민지배가 다 사라진 오늘날에도 제3세계로 불리는 지역은 이 부정적인 이미지를 가지고 있습니다. 예를 들면, 인도를 지배한 영국이 인도인을 "뛰는 것보다 걷는 게 낫다. 서 있는 것보다 앉아 있는 것이 좋다. 그러나 그중에서도 누워 있는 것이 최고"라고 여기는 게으른 인종이라는 19세기의 신화는 지금도 강하게 남아 있습니다. 인도에 가보지 않고 그곳을 잘 모르는 사람들도 가난하고 나태한 인도의 이미지를 떠올립니다.

영국처럼 거의 모든 백인 지배자는 나태하고 게으른 성향을 모든 원주민의 타고난 본성으로 여겼습니다. 즉 피부색처럼 바꿀 수 없는 본질적인 특성, 민족성으로 간주했지요. '나태한 동양'이란 신화는 근면한 서양과 대비되어 후자를 돋보이게 만들었지요. 19~20세기 서구 식민주의가 막강하게 힘을 펼치던 기간에 동양의 지배에 참여하고 그 이념적 기반을 제공한 서구의 행정관들과 학자들, 여행가들과 저널리스트들은 이러한 신화를 창조하고 재생산했습니다.

게으른 원주민의 신화를 가장 확고하게 만든 사람들은 아무래도 '해가 지지 않는 땅'이라고 불릴 정도로 가장 많은 식민지를 보유한 영국에서 많이 나왔습니다. 특히 인도와 깊은 인연을 맺은 조지 오웰, '백인의 짐'을 설파한 제국주의자 키플링 Rudyard Kipling 그리고 아프리카를 배경으로 《어둠의 심장The Heart of Darkness》을 쓴 콘라드Joseph Conrad와 같은 유명작가의 작품에서 드러납니다. 그들은 그들이 지배한 식민지에 사는 이른바 원주민을 게으르고 무력하다고 여기면서 백인 지배자를 한층 더 근면하고 역동적인 사람들로 만들었습니다. 주목할 것은 그들 모두 게으름을 죄악으로 여기는 청교도적인 영국의 전통 속에서 살았다는 점입니다.

어떤 학자들은 이를 투사投射라고 불렀습니다. 자신의 마음속에 깊이 자리한 희망과 두려움을 다른 대상에게 전이하는 걸 의미하지요. 낯선 이국을 통치하면서 느낀 불안감과 위협감을 상대방에게 옮기는 겁니다. 키어난V. G. Kiernan의 표현을 빌리면, "피지배자를 나쁘게 생각함으로써 (다른 사람을 지배하는) 자신이 나쁘게 생각되는 것을 피하"는 것입니다. 에드워드 사이드는 투사를 "유럽인의 마음속 깊은 곳에 반복되어 나타나는 타자의 이미지"라고 했습니다. 투사는 힘 센 서양이 힘없는 동양을 인식하고 권력을 행사하는 방식이었습니다.

백인의 짐을 떠맡자

최고의 혈통을 보내자

그대의 아들들을 타국으로 보내자,

(우리에게) 사 로잡힌 자들의 필요에 부응하기 위해서.

제국의 이념으로 무장하고 강건한 신체를 바탕으로 야만인을 문명화할 막대한 책임을 떠맡은 사람들은 당연히 최고의 혈통을 가진 백인이었습니다. 19세기 후반 영국의 식민부 장관 체임벌린Sir Josph Austin Chamberlain이 "영국 인종은 이 세상에 존재하는 가장 위대한 지배 인종"이라고 공공연하게 선언한 이면에는 이 세상에 지배를 받아야 마땅한 피지배 인종이 있다는 뜻이 숨어 있습니다. 그 피지배 인종은 약자였고, 그래서 게으르다고 간주됐습니다.

시대를 초월해서 사는 사람은 없습니다. 1800년대 중반 진화론을 주장하여 세상을 놀라게 한 영국의 찰스 다윈은 세계를 일주하다가 남아메리카의 남단과 티에라 델 푸에고Tierra del Fuego를 방문했습니다. 그는 그곳의 가난한 원주민들이 방탕하고 나태해서 도덕적으로나 정신적으로 타락했다고 여겼습니다. 원주민들이 원숭이와 호모사피엔스 사이의 잃어버린 연결고리라며 인간 이하로 판단한 것도 다윈이었습니다. 오스트레일리아 총독이 된 19세기의 에드워드 에어Edward Eyre도 원주민이 빈곤한 이유를 오로지 나태와 낭비, 부도덕이라고 주장해 이런 입장을 반복했습니다.

나태와 게으름은 단순히 사람의 행태를 이르는 단어가 아니라 정치적 의미를 품었습니다. 게으름은 실재하기보다 게으름에 대한 혐오감이 상상의 영역에 전이된 겁니다. 게으름이 계급관계와 인종적 경계를 만들고 강화하는 강력한 상징적 수단이 됐습니다. 그리하여 우월한 서양은 근면하고 열등한 동양은 나태했다고 인식됐습니다. 강자를 위해 만든 강자의 논리는 시간이 가면서 서양이 우월하다는 사실을 자연의 법칙으로 만들었습니다.

원주민의 게으름은 상대적으로 근면한 백인 지배자를 돋

보이게 하는 전략에 동원됐습니다. 19세기 초에 활동한 프랑스의 디핑Georg Bernhard Depping은 나태와 근면의 결과를 밝힌다면서 "아시아, 아프리카인과 유럽인을 비교하면 큰 차이를 발견할 수 있다. 전자는 게으르다. 게으름은 위대한 업적을 이루는 걸 막는다. 게으름은 개화하지 못한 사람들의 특징이다"며 당시 백인들에게 힘을 실었습니다. 식민지배자의 근면성은 "나태로 원주민들이 빈곤하다는 걸 증명하고 지배자의 특권적 위상을 정당화하는 데 가장 좋다"는 알베르 메미Albert Memmi의 간파는 옳았습니다.

서구 식민주의가 소개하고 널리 유포한 비서구인의 이미지는 "게으른 원주민"이었습니다. 필리핀인은 너무 게을러 나무에서 떨어진 과일도 집지 못하고 나무 밑에서 과일이 떨어지길 기다린다고 알려지기도 했습니다. 이웃의 말레이인도 게으르고 나태해서 잘 살지 못한다고 여겨졌고요. 원주민은 게으르기에 문명을 이루지 못했고, 그래서 문명을 이룬 서구 식민국의 침입을 불렀으며 외부의 적에 대응할 능력이 없어서 패배하여 지배를 받는다는 논리로 이어졌습니다.

백인의 짐

《오리엔탈 비망록Oriental memoirs》을 쓴 영국인 포브스James Forbes 는 인도인이 "날이면 날마다, 달이면 달마다 …… 과거를 되돌 아보거나 미래에 대한 설계를 하지 않고 그저 구장잎(마취 성분이 있는 풀)이나 씹는 사람들"이라고 했습니다. 그들은 백인들과 달 리 무력한 사람들이었습니다. 반면에 영국이 세계에 수출한 모 험소설 〈산호섬〉〈로빈손 크루소의 모험〉〈파리대왕〉의 용감한 주인공들은 백인이 부지런히 움직이며 미래를 만드는 씩씩한 인종을 증명했습니다.

19세기 전반에 영국의 가장 큰 식민지 인도에서 고급관리 를 지낸 토마스 매콜리Thomas Babington Macaulay는 지속적으로 증 기탕을 하는 것처럼 뜨거운 열대의 인도인이 무력하다고 여겼 습니다. 그들의 뼈가 연약하고 근육은 흐물흐물하다고 신체적 허약성을 강조하기도 했지요. 19세기 인도 남부 마드라스Madras 에서 생활한 뒤부아Abbe Dubois도 인도인의 게으름이 열대기후 탓이라고 했습니다. 운명을 믿고 움직이는 것을 싫어하는 그들 의 나태함이 열대에 사는 사람들의 천성이라고 판단했습니다.

3억의 인도인이 열등한 민족이고 우리는 우수한 인종이라고 말

게으름은 왜 죄가 되었나

하는 것은 아주 흥미 있는 일이었지요. 그는 인도인이 우리가 거의 꼭대기에 도달한 그 사다리의 맨 아래 단계에서 웬일인지 멈추었고, 그 상황에서 수백 년, 수천 년 머물러 있다고 말했습니다. 그러나 우리가 그들의 손을 잡아서 우리의 수준까지 이끄는 데는 그다지 시간이 많이 걸리지 않는다고 말했습니다.

인도인의 능력을 게으르다고 인식하여 영국인의 근면한 우수성을 확인하려는 전략은 인도인을 불완전하고 부족한 존재로 여기는 것이었습니다. 이는 영국 소설가이자 정치가 레너드 울프Leonard Woolf의 단편 〈진주와 돼지Pearls and Swine〉에도 분명하게 언급됐습니다. 영국인은 인도에서 지배자로서의 '영국인다움'을 유지하기 위해 게으른 인도인을 '발견'한 셈입니다. 오류와 결점이 없는 완벽한 영국과 거울로서 인도인의 태만과 게으름, 활력 없음은 근면하고 용맹한 영국 통치의 정당성을 증명하는 필요하고도 충분한 조건이었습니다.

뜨거운 여름날에 나무그늘 아래서 노래를 부른 베짱이처럼 게으른 인도인에 대한 비판은 끊임없이 나왔습니다. 인도인이 나태하여 온대지방의 영국인처럼 열심히 일하지 않는다는 비판을 포함해서요. 백인 지배자는 인도인을 나태하다고 인식해 개미처럼 부지런한 영국인의 우수성을 확인하는 동시에, 게을러서 먹을 것이 없어 굶주리는 '베짱이들'에게 노동을 부과할 수 있는 구실로 삼았습니다.

백인의 짐을 들어 올려라.
잔인한 평화의 전쟁들이
굶주림으로 채운 나날들을
질병에서 죽음으로 내몰도다.
너의 목적지에 가장 가까울 때
다른 자들이 추구하는 바도 끝나니,
당신의 모든 희망을 헛되이 할
나태와 이교도적 어리석음을 경계하라

키플링은 이렇게 노래했으나 인도인의 질병이나 굶주림은 게으름과 같은 인도의 열등한 문화적 특성에서 나온 것이 아니었습니다. 영국이 인도를 직접적으로 통치하기 시작한 1850년에서 1900년에 이르는 50년 동안에 인도의 1인당 국민소득은 3분의 2로 줄었습니다. 영국은 19세기 내내 매년 인도 인구 6000만 명에 해당하는 수입을 영국으로 가져갔고요. 1900년에서 1947년 철수할 때까지의 반세기 동안에도 인도의 GDP성장률은 채 1퍼센트가 되지 않았습니다. 근면한 영국, 우수한 인종의 통치를 그렇게 오래 받고도 인도가 가난한 건 무슨 까닭일까요?

푸른 하늘 아래

게으른 힌두가

하루 종일 누워있네

야심찬 계획을 비웃고

높은 꿈을 꾸지 않으면서:

그의 시선은 땅을 향한다.

1891년 영국에서 초연된 뮤지컬 〈춤추는 소녀The Nauch Girl〉
의 개막합창에는 게으른 인도인과 그들의 종교인 힌두교에 대
한 비난과 경멸이 가득 담겼습니다. 《영국령 인도의 역사》를 쓴
식민정부의 관리 제임스 밀James Mill은 인도인이 게으른 것은 기
후와 관계가 없고, 그들이 야만인이기 때문이라고 몰았습니다.
이러한 입장은 영국이 인도에 침투한 초기부터 나왔습니다. 힌
두들을 '게으르고 나태한' 사람들로 묘사한 백인 지배자는 만
성적인 게으름을 가르치는 철학의 나라 인도의 시간개념을 비
웃었습니다. 시간을 여유 있게 쓰는 인도인을 움직임이 느리다
는 이유로 게으르다고 여겼으니까요.

그러나 느리고 빠른 것은 상대적 개념입니다. 인도인에 대
한 '느림'과 '게으름'은 보는 사람의 기준이었습니다. 세계 각
지를 통치한 근대의 영국인은 진보를 지상과제로 여겼습니다.
특히 빅토리아 시대의 영국인은 다른 나라 사람들보다 다섯 배

게으르다고 간주된 힌두교 두르가 여신의 역동적인 모습

더 빨리 여행하는 자신들이 다섯 배 더 행복하다고 단순하게 여겼지요. 다윈의 진화론을 채용한 당대의 사회진화론은 적응할 능력이 없는 사회를 우수한 사회의 피지배자로 당연시했으니 영국이 인도를 내려다본 것은 당연한 수순이었습니다.

영국은 특히 노동을 경시하는 상층 카스트들과 생산적인 삶을 살지 않는 사람들을 게으르다고 비판했습니다. 브라만 사제들과 출가자들을 나태하다고 본 것은 그들이 식민경제에 기여하는 바가 없기 때문이었습니다. 제임스 밀은 미신의 토대 위에 세워진 힌두교의 사제 브라만이 인도 사회를 타락하게 만든 주범이라고 주장했습니다. 인도를 추상적으로 사랑했으나 방문하지 않은 독일의 작가 헤르만 헤세는 1911년에 출간한 《인도 여행》에서 브라만을 "착취자들과 게으름뱅이들로 구성된 사악한 도당"이며 "인도인은 모두가 거지들이고 악마 같은 존재"와 '음란한 천민'이라고 했습니다.

미국인 목사 윌리엄 버틀러William Butler는 1895년 인도에는 200만 명의 출가승과 탁발승이 있고, 게으른 그들이 연간 1200만 파운드를 축내고 있다고 자본주의 국가 영국의 편을 들었습니다. 노동하지 않는 그들에 대한 비판은 인도에서 오래 거주한 영국 관리의 아내이자 작가인 플로라 애니 스틸의《솔기의 법칙The Law of the Threshold》에서도 나옵니다. 벌거벗은 옷차림의 흰 머리칼과 하얀 수염의 브라만을 "해골과 같다. 완전한 해골"이라며 추하고 짐승과 같은 모습으로 묘사했습니다.

인도 사회의 엘리트인 브라만이 큰 비판을 받은 이유는 사제계급인 그들이 활발하게 경제활동을 하지 않고, 그래서 식민체제에 쓸모가 없었기 때문입니다. 브라만은 식민지배자 영국에게 경제적 이득이 크지 않은 존재였지요. 영국 지배자는 그들이 생산적인 에너지를 낭비한다고 보았습니다. 힌두 문화권에서 출가자들은 세속을 떠난 상태로 노동이나 경제적 이익을 추구하지 않으니까요. 백인 지배자들은 브라만을 게으른 인도인을 대표하는 것처럼 언급했습니다.

문명개화를 내세웠으나 식민주의는 본질적으로 경제적 이득이 최우선이었습니다. 인도에서 영국의 노동정책은 가부장적이고 강제적 성격이 강했습니다. 식민체제에선 생각하는 원주민이 아니라 일하는 원주민이 필요했고, 그래서 열심히 일하지 않는 원주민은 도덕적으로 악이라고 판단했지요. 영국이 부과한 노동의 윤리를 따르지 않는 자는 모두 게으르다고 불렸습니다. 열심히 일하는 인도 농민들도 쉴 때는 나태하다는 소릴 들어야 했습니다. 백인 지배자는 물담배를 피면서 아무것도 생각하지 않고 수다나 떤다고 휴식을 게으름과 연계했습니다.

역동성을 자랑한 영국은 인도인이 백일몽을 꾸며 움직이지 않고 앉아 있다고 비판했습니다. 무력하고 활력이 없는 인도인을 약하고 추한 존재로 여기고 그런 그들이 즐기는 유일한 여가가 이웃사람들과 수다를 떠는 것이라고 혹독하게 표현했습니다. 공기가 나쁜 실내에서만 지내는 인도인이 아둔하고 어리석다는 주장도 나왔지요. 장광설長廣舌은 나태한 인도의 국민성으로 여겨졌습니다. 인도에서 10년간 거주한 한 영국 장교는 교육을 받은 인도인의 유일한 취미가 '말을 위한 말'이라고 야유했습니다. 에드워드 톰슨의 단편 〈인도에서의 하루An Indian Day〉에는 말 많은 인도인이 나옵니다.

반면에 영국인은 수다를 주고받는 인도인과 달리 철도를 세우고 행정을 다지며 도시를 건설하면서 일을 열심히 하고 이익을 창출한다고 여겼습니다. 여가시간에도 운동을 하거나 사냥을 하는 역동적인 국민이라고요. 그들에게 인도인은 신체적, 도덕적 에너지를 빼앗는 척박한 환경의 열대 인도에서도 끊임없이 움직이며 부지런한 영국인과 달리 "다툼과 파당, 그리고 법적 소송이 국민스포츠"인 게으른 사람들이었지요. 그래서 백인 지배자는 피지배자인 인도인에게 축구, 크리켓, 하키와 같은 운동을 가르쳤습니다. 그들을 육체적으로 강건하게 만들고 스포츠정신과 팀워크를 배양하여 권위에 복종하는 도덕적인 피지배자를 만들기 위해서였습니다.

문명개화를 식민통치의 기치로 내세운 식민지배자는 원주민을 개화할 필요로 게으름을 이용했습니다. 나태한 천성을 가진 인도인을 가르쳐서 근면한 국민으로 만든다는 논리였지요. 인도인에게 부과된 식민교육은 이러한 자각이 바탕이었습니다. 나태한 피지배자를 과학기술을 가진 역동적인 영국 국민처럼 만들기 위해 기술교육이 도입되고 스포츠가 장려됐습니다. 학생들에게는 운동경기를 열었고, 경기에서 이긴 학생들에게는 상을 주어 스포츠와 신체를 단련하게 했습니다.

＊＊＊

게으른 원주민

게으르다고 간주되는 약자는 인도의 인디언만이 아니었습니다. 미국에서도 인디언은 게으르다는 신화가 계속 유지됐습니다. 땅을 개간하기보다 배고픔을 택하는 게으른 인종인 인디언을 아메리카의 야만인으로 간주하고, 유럽에서 이주한 부지런

JUSTICE.

✱ '역동적인 영국인과 수동적인 인도인의 운명'(1857)

한 백인이 그들을 지배한다는 논리는 인도에서 영국의 논리와 닮았습니다. "인간과 그 활동이 부재한 채로 남아 있던" 아메리카대륙에 문명을 전해준다는 주장도 같았지요. 1800년대 중반 게으름을 증오한 토마스 칼라일Thomas Carlyle은 나태한 흑인을 농장에서 강제로 일을 시키는 것은 당연하다고 말했습니다.

사람들은 자신의 눈으로 세상을 바라봅니다. 아시아, 아프리카, 아메리카에 온 유럽인도 그랬습니다. 1834년 미국의 역사학자 밴크로프트George Bancroft는 유럽인이 오기 전 북아메리카는 미개지였고, 인디언들은 변화가 없는 사회에서 살아왔다고 해석했습니다. 그는 인디언이 변화를 일구지 못한 것이 게으름의 결과라고 적었습니다. 허약한 야만인이 흩어져 살던 미개지를 위대한 미국으로 만든 사람이 바로 유럽인이었다는 겁니다.

유럽인들이 비서구 세계를 묘사한 비효율적, 게으름, 비협조적이란 수식어는 미개인이나 야만인처럼 문명인이 위에서 내려다보고 깔보는 의미를 내포했습니다. 보는 자가 권력을 가지고 그가 기준이라고 말했습니다. 단단한 벽돌집을 짓고 살던 유럽인들은 아시아와 아프리카, 남태평양에 사는 사람들이 짚으로 집을 짓는 것을 게을러서라고 했습니다. 그래서 원주민들이 문화를 형성하거나 발전시키지 못했다고요. 사냥하고 채집하는 그들은 야만인으로 고정됐습니다.

서구의 식민지가 된 아시아와 아프리카엔 더운 곳이 많습니다. 열대지방에서 온대지방의 주민들과 비슷한 높은 생산성과 경쟁력을 기대하는 건 무리였지요. 그런데도 백인들은 열대원주민의 천성이 게으르다고 속단했습니다. 그들의 일에 대한 태도가 다른 세계와 다르다는 걸 인정하지 않았습니다. 열대지역의 적도 부근은 연 평균기온이 섭씨 25도이며 높을 때는 30도를 훌쩍 넘깁니다. 그런 상황에서 열심히 일하는 건 쉽지 않고, 경쟁적인 특질을 키우기에도 적합하지 않습니다.

필리핀의 사상가이자 지도자로 활약한 호세 리잘Jose Rizal은 게으른 필리핀인 이미지를 반박했습니다. 필리핀인이 천성적으로 게으른 것이 아니라 열대지방의 더운 기후가 삶의 속도를 느리게 만든다고요. 그는 필리핀의 가난을 토지몰수와 높은 세금, 그리고 강제노역 등 식민체제와 관련이 있다고 주장하며 식민주의를 비판했습니다. 필리핀인이 열심히 일하지 않는 것은 백인 지배자들이 많은 걸 본국으로 가져가기 때문이라며 식민통치의 부당성을 지적했습니다.

> 태양이 애무하는 향기로운 나라에서,
>
> 게으름이 사람 눈 위로 비 오듯이 내리는
>
> 종려나무와 붉게 물든 나무 그늘 아래서
>
> 나는 낯선 매력을 지닌 크레올 여인을 알았네.

게으름을 죄악으로 보는 관점이 식민문학에 스며들었습니다. 열대 식민지에서 태어난 백인 여성을 묘사한 보들레르의 〈크레올Creole 여인에게〉도 태양과 게으름으로 대변되는 열대의 이미지가 섞여 있습니다. 부지런한 식민관리와 게으른 원주민이라는 정형화한 이미지도 등장했습니다. 개미와 같은 원주민은 칭찬하고 일하지 않는 베짱이와 비슷한 원주민은 부정적으로 그려집니다. 콘라드의 〈어둠의 중심〉에 나오는 말로우는 일을 종교처럼 여깁니다. 그런 그는 게으르고 일을 잘 못하는 원주민을 보고 경악하지요.

원주민들이 집안일을 하는 것도 식민지배자에게는 게으름이었습니다. 효율성과 생산성이 따르지 않는 행동은 다 게으름으로 분류됐지요. 그들은 원주민이 빨리 걷지 않는 것도 맘에 들어 하지 않았습니다. 원시사회의 게으름은 인류의 본능이라고 여겨졌으나 식민사회의 게으름은 지배자에 대한 죄악이 됐습니다. 백인 지배자들은 피지배자들이 게을러서 생산력이 높지 않다고 비판하고, 열심히 일해도 게으르고 임금을 받는 일에는 적합하지 않다고 나무랐습니다. 그들에게 맘에 드는 원주민은 없었습니다.

게으름은 절대적인 개념이 아니라 상대적입니다. 1792년 캐나다에서 원주민을 만난 밴쿠버 선장은 그들을 '인디언'이라고 불렀습니다. 그곳을 찾은 서구인들은 인디언이 게으르고 나

＊ 티카노프Mikhail T. Tikhanov의
  '인디언'(1818)

태하기 때문에 못산다고 비판했습니다. 그러나 게으르다고 불린 원주민은 서구에서 온 모피업자들과 상관없는 사람들, 즉 모피를 생산하는 데 관심이 없는 사람들이었습니다. 서구 업자들에게 열심히 모피를 제공하지 않는 사람은 모두 게으름뱅이로 여겨졌지요. 말레이시아의 사이드 후세인 알라타스는 1977년에 〈게으른 원주민의 신화〉를 발표하고 식민지배자들이 경제적 유용성을 따져서 자신들과 연계된 경제활동을 하지 않는 말레이 사람들을 게으른 원주민이라고 불렀다고 지적했습니다.

　벨기에에 병합된 아프리카의 콩고에서 일어난 변화는 일과 게으름에 관한 엇갈린 비극을 잘 보여줍니다. 팜야자나무가 우거진 평화로운 마을에 들어온 벨기에인들은 원주민들을 무기로 위협하며 팜야자 채집을 명령했습니다. 그때까지 아프리카 사람들은 필요한 만큼의 팜야자를 땄으나 벨기에인들이 매일 일정한 분량을 강제로 할당하면서 사정이 달라졌지요. 주어진 양이 많아서 종일 부지런히 해도 다 채울 수가 없었거든요. 목표를 달성하지 못하거나 백인의 지시를 따르지 않는 사람들은 게으르다고 비판을 받았고, 일부는 본보기로 죽임을 당했습니다.

근면은 기독교 문화권인 유럽에서 중요한 의미를 가집니다. 다른 문화권에선 노동과 여가의 가치가 다를 수밖에 없고요. 일부 원주민들은 유럽과 달리 여가를 길게 보내고 여행하는 걸 시간 낭비로 여기지 않았습니다. 영적 생활과 경제생활이 분리되지 않는 그들의 삶은 자연에 대해 전체적인 접근방식을 취하기 때문에 필요한 것만 얻고 과잉생산을 하지 않았습니다. 많은 걸 바라지 않으니 하루에 두 시간만 일해도 충분했습니다. 수요가 크지 않으니 대량생산을 해서 저축하거나 보관할 필요도 없었지요.

19세기에만 해당되는 일은 아니었습니다. 2011년 7월 19일자 《조선일보》에 실린 몽골에 관한 글이 이를 잘 보여줍니다. "그들은 일에 매여 노예처럼 살지 않았다. 아홉 시에서 다섯 시까지 일터에 속박돼 있었던 것이 아니라 일거리가 있을 때만 일을 했던 것이다. 그런데 이분들은 돈은 어떻게 벌어서 사는 거야?" "이분들, 돈 안 벌어요. 돈 벌 필요 없어요. 겨울에 양고기 먹고, 여름엔 양젖으로 만든 요구르트, 마유주 먹어요. 가끔 양하고 감자나 곡식하고 바꾸어 먹어요. 이 사람들 돈 필요 없어요."

서구에서 온 백인 지배자들은 적게 일하고 많은 여가를 가지는 문화와 사회를 부도덕하다고 비판하면서 유색인들과 그 문명이 가진 모든 문제가 게으름에서 시작됐다고 주장했습니다. 미국의 인류학자 마샬 살린스Mashall Sahlins는 "원시사회가 문화를 형성하거나 발전시키지 못한 이유는 게으르기 때문이라고 주장했습니다. 게으름이란 병을 고치고 모험소년들처럼 쉬지 않고 움직이라고 가르쳤지요. 아직 성숙하지 않은 아동이나 야만인으로 여긴 원주민들에게 무엇이 노동이고 무엇이 여가인지를 구별해주고 선진문명을 가르치려고 나섰습니다.

살린스는《석기시대 경제학》에서 사냥과 채집을 하는 원시사회가 다른 문화권보다 훨씬 더 적게 일한다고 발표했습니다. 그는 그것을 게으름이라고 결론지었습니다. 앞에서 보았듯이 비서구 세계는 밤낮으로 일을 하지 않는 것이 관행이었습니다. 그러나 백인 지배자들은 원주민이 느리고 게으르다면서 시간의 사용법을 가르치고 규율했습니다. 원주민들이 시간을 지키고 '시간을 금'처럼 사용하길 바랐습니다. 식민정부를 위해서였지요.

근면과 저축이라는 전통에서 살아온 백인들은 자신이 소비할 양만 생산하고 게으름을 즐기는 문화를 이해하지 못했습니다. 유럽에서 가져온 기독교 윤리로 노동의 가치를 판단했고, 더 많이, 더 높이, 더 멀리를 강제했습니다. 아프리카인은 나태하고 게으르다, 필리핀인은 게으르고 더럽다, 인도인은 모든 계급이 게으르다, 남아메리카인은 게으르고 무심하다, 말레이인은 게으르다는 신화는 백인들이 자기 기준으로 자신들의 경

＊ 게으른 동양의 이미지.
　로슈그로스Georges-Antoine Rochegrosse의 '종과 사자'

제적 이익과 정치적 지배를 위해 만들어 퍼뜨렸습니다.

그렇게 하여 야망이 없는 무력한 사람들에 대한 서구의 정복과 식민통치가 정당화됐습니다. "나는 백인의 의무가 무엇을 의미하는지 알고 있다"며 자신만만한 백인 제국주의자들은 다른 문화나 사회가 가진 고유성을 고려하지 않았습니다. 나태한 원주민은 산업을 발전시키지 못했고, 뛰어난 항해술을 가진 자신들이 아무것도 할 수 없는 그들을 대신해서 그 땅에 도착하여 산업화를 달성해야 한다고 백인의 짐을 말했습니다.

세상에는 강자만 모르는 진실이 많습니다. 타자의 게으름을 비난하느라고 여념이 없던 백인들이 오히려 피지배자들로부터 게으르다고 비난받는 걸 몰랐으니까요. 식민지의 영국인은 지배자로서 과시를 위해 많은 하인을 두었습니다. 1782년 인도의 동인도회사에서 근무한 윌리엄 힉키William Hickey는 63명의 하인을 두었는데, 두 명의 요리사와 두 명의 제빵사, 머리 만지는 하인, 이발사, 물담배를 시중드는 하인, 청소부, 물 긷는 하인, 정원사가 있었으니 본인이 할 수 있는 건 그야말로 숨 쉬는 것뿐이었지요. 하인들이 그들을 게으르다고 뒤에서 비웃은 건 아주 당연했습니다.

식민지배에 참여한 남편을 따라 식민지에서 생활한 백인 여성들의 게으름도 상상을 초월했습니다. 남편의 직위에 따라 하인의 수가 결정됐으나 대체로 넓은 공간에서 수많은 하인을 부린 그들은 그저 놀고먹었습니다. 유모와 보모, 침모들을 여럿 거느린 그들은 자신의 아이들을 먹이고 키우는 일을 하지 않았습니다. 일부 영국인은 하인들에게 둘러싸여 아무것도 안하고 뒹구는 자신들의 생활이 "돼지처럼" 보인다고 했습니다. 게으른 건 원주민이 아니라 백인들이었던 겁니다.

***

무사태평 조선사람

일본의 지배를 받은 일제강점기 당시 조선인에게도 서구의 지배를 받는 아프리카인이나 인도인처럼 게으르다는 수식어가 많이 붙었습니다. 유일한 비서구 제국주의자 일본은 서구 식민지배자처럼 조선인은 게으르고 일하기 싫어하는 습성이 있어서 낙후했고, 그래서 일본의 지배를 받아야 한다는 논리를 들이댔습니다. 지배자로서 '일본인다움'을 유지하기 위한 생존의 한 전략으로 무능한 조선, 게으른 조선인을 '발견'한 것입니다. 오류와 결점이 없는 근면한 일본의 거울인 조선인의 부족함은 조선에 대한 일본의 통치를 정당화하는 필요하고 충분한 조건이었습니다.

1874년에 출판된 샤를르 달레Claude-Charles Dallet의 《한국 교회사》에는 게으른 조선인의 모습이 나옵니다. 저자는 수많은 사람이 다른 이들의 호의에 기대어 이곳저곳 어슬렁거리며 아무 일도 하지 않고 빈둥거리며 사는 것을 가장 심각한 문제로 꼽았습니다. 1917년 일본과 자바, 중국과 한국을 여행하고 기록을 남긴 외젠 브리외Eugene Brieux의 글에서도 서울의 거리를 어슬렁거리거나 멍하니 하늘을 바라보며 시간을 허비하는 남성들이 등장합니다. 1890년대 영국의 뮤지컬에 나온 인도인과 비슷한 이미지였습니다. 여기서 당대 식민지배자들이 피지배자를 바라보던 어떤 정형을 알 수 있습니다.

근대 일본의 계몽가이자 교육자인 후쿠자와 유키치福澤諭吉는 조선의 문명을 말하면서 구태의연함과 게으름을 언급했습니다. 1927년 조선총독부가 쓴 〈조선인의 사상과 성격〉에서도 나태와 방탕함이 조선인의 부정적 특성으로 포함됐지요. 역시 총독부가 간행한 《조선휘보》에도 조선인이 게을러서 낮의 3분의 2는 낮잠을 자든가 담배를 피우면서 지낸다고 적혀 있습니다. 혼마 규스케本間久介가 1893년 조선에 들어와 살핀 내용을 재구성한 책 《조선잡기》에는 근대 일본인의 시각으로 조선의 문화와 문물, 풍속을 접하면서 느낀 점들이 들어 있습니다. 여기에도 조선인의 천성이 게으르다는 말이 빠지지 않습니다. 강자의 눈에는 약자가 게으를 수밖에 없나봅니다.

일제하 대표적 조선연구가로 꼽히는 다카하시 도루高橋亨도 강자 일본의 논리를 뒷받침하는 저서를 내놓았습니다. 그가

1910년에 펴낸 《조선민담집 부록 속담》과 이를 증보해서 1914년에 다시 출간한 《조선속담집 부록 민담》은 당시 조선의 문화와 풍속을 잘 보여줍니다. 그러나 그의 책은 게으르고 무사태평한 조선인을 강조해 그러한 사람들이 사는 조선이 일본의 식민지가 된 것은 당연하다는 방향으로 흘러갑니다.

＊ 1860년대 한복을 입은 한국인

1913년 조선문우회가 발간한 《조선개척지》에도 조선인에 대한 멸시와 편견을 가진 일본의 속내가 잘 드러납니다. 조선인이 소년 시절에는 똑똑하지만 시간이 흐르면서 태만해지고 활력을 잃는다고 파악하고는 조혼의 폐습과 온돌을 사용하는 풍습이 그 요인 가운데 하나라고 연결했습니다. 이 무렵 조선에서 거주한 일본인 호소이 하지메細井肇도 "그동안 놀고먹으면서 도적질을 일삼은 양반을 압도하여 그들을 물리칠 것"이라며 조선에 대한 일본의 지배를 정당화했습니다.

중국 동북지역 한국인에 대한 평가에도 나태가 빠지지 않습니다. 1915년 길림성의 순안사가 중화민국 외교부에 보낸 기록에는 "한인들은 대부분 나태함이 몸에 배어 있습니다. 농사와 집안일은 대부분 아녀자들의 몫이고 남자들은 그저 먹고 마시며 노는 데만 정신이 팔려 있을 뿐 원대한 포부는 전혀 찾아볼 수 없습니다. 더구나 한인들은 이미 오랫동안 중국적 관습에 익숙해져 중국인들의 학대와 멸시에도 순순히 복종할 뿐 반항할 의지도 보이지 않습니다"고 적혀 있습니다.

19세기에 조선을 여행한 서양인들은 대개 조선인들이 게으르고 노동에 대해 냉담하다고 지배자 일본과 비슷한 입장을 보였습니다. 1924년 조선을 방문한 미국인 관광객은 조선인이 나태하며 동물과 같이 노상에서 살고, 아무 일 없이 배회하며 허송세월을 보내는 사람이 많으니 나라가 망하는 것도 당연하다고 적었습니다. 지배층인 양반은 물론, 농민계층과 노동자들도 나태하다고 적었지요. 토드 헨리는 조선인의 게으름과 무능력을 강조하면서 조선에 거주하는 부지런한 일본인을 조선인에게 비교했습니다. 게으름을 상징하는 물건으로 삽과 가래를 든 이도 있었습니다. 삽은 인간의 힘을 쓸데없이 낭비하는 것으로, 가래는 "한 사람이 할 수 있는 일을 다섯 사람이 하는 무용한 것"으로 판단했습니다. 긴 담뱃대로 담배를 피우는 것을 게으름 가운데 하나로 언급한 여행가도 있었습니다.

미국의 역사학자 조지 캐넌George F. Kennan은 1905년에 펴낸 《나태한 나라 조선》에서 조선인을 "몸도 옷도 불결하고 아둔하며, 매우 무식하고 선천적으로 게으른 민족"이라고 혹평했습니다. 그가 발행하는 잡지는 미국의 루스벨트 대통령이 정기적으로 구독하는 유일한 잡지였습니다. 이 혹평에 영향을 받은 캐넌의 친구인 프랭클린 루스벨트는 '조선은 자치가 부적절하다'고 여겼다고 합니다. 조선인을 '나태하고 무기력하다'고 파악한 또 다른 백인은 캐넌보다 30년 뒤에 조선을 언급한 영국인 소설가 헨리 드레이크였습니다. 백인우월주의에서 자유롭지 않은 드레이크도 개선의 여지가 없는 조선이 우등한 일본의 지배를 받는 것은 당연하다고 주장했습니다.

미국인인 게일은 조선인이 노동의 고귀함을 알지 못하며, 일하는 것을 부정적으로 여긴다고 지적했습니다. 그의 생각에 조선인의 게으름은 미래를 개척하기보다는 과거에만 집착하는 잘못된 교육에서 비롯하며, 이것은 미국인이 이룬 문명의 가치를 모르기 때문이라며 미국인답게 판단했지요. 다브류이 주교도《조선 사정》에서 조선인이 무기력과 나태, 식객의 근성을 가졌기 때문에 독립이 어려울 것이라고 전망해 당대 서양인의 사고를 넘어서지 못했습니다.

미국의 천문학자로 조선을 '고요한 아침의 나라'라고 서방 세계에 알린 퍼시벌 로웰Percival Lowell은 조선 사람들이 운동을 모른다고 했습니다. 조선 사람들은 밖에 나가서 뛰는 것을 전혀 모르다면서 운동을 하지 않는 이유를 물으면 "그것은 천한 종들이나 하는 것이고, 양반은 몸을 놀리는 것이 아니다"고 답한다며 놀라움을 표시했습니다. 1920년대 초 서울에서 그림전시회를 연 영국 출신의 화가 엘리자베스 키스Elizabeth Keith의 그림과 글에도 당시 조선의 느림과 게으름이 가득 배어나옵니다. 가정집 대문 앞에서 기다란 담뱃대를 물고 멍하니 하늘을 바라보는 사람들, "높은 모자, 둥근 모자, 리본 달린 것, 세상에 모자란 모자는 다 있습니다"는 간판을 내건 모자를 파는 장사꾼의 모습은 한껏 늘어져 보입니다. "한국 남자는 식사 후에 자기 방에서든 길거리에서든 한바탕 자는 것이 상례" "한국에서는 남자들이 장기 두는 모습을 흔히 볼 수 있는데, 때로는 길가에 앉아서도 둔다"는 설명도 이국적인 시선으로 조선을 담고 있음을 알려줍니다.

그러나 서구 출신 여행자와 선교사들은 기독교윤리로 조선을 바라보았다는 점에서 일본과 다릅니다. 서양이 앞서가는 이유가 노동을 신성하게 여기며 역동적으로 움직이는 데 있다고 파악한 서구인들은 조선과 서양문명국의 차이가 게으름과 근면성이라고 주장했습니다. 서양인이 가진 근면성을 배우고 노동을 소중하게 여겨야 조선도 문명화할 수 있다는 입장이었습니다. 20세기 초 '프랑스인의 눈에 비친 한국인'을 분석한 프레데릭 불레스텍스Frederic Boulesteix의 《착한 미개인 동양의 현자》에 담긴 글을 인용합니다.

✳ 개화기 조선을 방문한 서양인들은 조선인을 느리고 게으르다고 여겼다.
엘리자베스 키스의 '장기 두는 사람들'

가볍게 거니는 것을 좋아하는 서울사람들, 하릴없이 어슬렁거리고, 젠체하며 활보하고, 멍하니 하늘만 바라보며 시간을 소비하는 한국남성들, 장난꾸러기들과 선머슴 같은 계집아이들, 아이들이 질러대는 즐거운 소리, 연 날리는 풍경 등에서 회화적 풍경을 연출하면서, 조루주 뒤크로는 한국인들의 단점은 바로 그들이 구름 속에서만 살고 있다는 점(아이들이 날리는 연처럼)에서 연유한다고 하면서 그러나 '이 얼마나 재미있는가!'라고 말한다.

근검절약과 금욕적인 청교도 정신을 중요한 덕성으로 여기는 개신교 선교사들은 게으른 조선인에 대해 편견과 경멸감을 특히 강하게 드러냈습니다. 그들은 문명화되지 못한 조선의 문제점이 나태와 놀고먹으려는 태도, 노동에 대한 의욕이 부족한 데서 나온다고 강조했지요. 근대 서양이 부강한 나라를 건설할 수 있었던 것은 근면한 국민성과 노동의 가치를 중시하는 사회의식의 결과라고 간주한 그들은 청교도적 정신이 부재한 조선을 부정적으로 여겼습니다. 그들이 근면과 저축, 절제를 장려하는 기독교적 윤리를 조선인에게 강조한 건 그런 이유에서였습니다. 영국이 인도인에게 그랬듯이 조선인도 시간관념이 뚜렷하지 못하다고 지적하고 시간의 중요성을 설파한 이들도 그들이었습니다.

조선인의 게으름은 다른 나라 사람들에게도 꽤 알려진 듯합니다. 1928년 5월에 발행된 잡지 《별건곤》에 실린 '외국에 가서 생각났던 조선'이란 글을 보면 그렇습니다.

> 서양 사람들이 우리 동양에 대하야 흔히 이런 말들을 합니다. '중국을 가보면 1년을 두고 보아도 일요일이라고는 하루도 있는 것 같지 않고, 조선을 가보면 날마다 일요일 같아 뵌다'고. 이것을 악의로 해석한다면 중국인은 밤낮 일밖에 모르고 조선인은 밤낮 놀 줄밖에 모르고 일 없이 한가한 놈들이라는 의미이겠지요.

물론 조선을 보는 다른 시선도 있었습니다. 헐버트Homer Bezaleel Hulbert는 게으름은 식객노릇을 하면서 서울 거리를 배회하는 건달들에게나 맞는 말이고, 사실 그런 사람들은 서구에도 얼마든지 있다며 조선을 변호했습니다. 당초 게으름을 조선인의 기질로 여기던 비숍Isabella Bird Bishop도 러시아나 만주에 이주한 조선인들이 열심히 일하며 잘사는 걸 보고는 조선인은 '밖에 나가면 더 잘사는 민족'이라며 자신의 판단을 번복한 뒤 게으름은 본성의 문제가 아니라 제도의 문제라고 했습니다. 현명한 정부와 훌륭한 지도자를 만나면 조선인도 위대한 나라를 건설할 수 있다고 전망했지요.

조지 길모어도 조선인이 게으른 것은 사실이지만 천성적이라기보다 열심히 일해도 모든 것을 관리들에게 수탈당하기 때문이라고 진단해 입장을 달리 했습니다. 이는 1880년 한 농민이 영국 《데일리메일》과의 인터뷰에서 "왜 내가 농사를 더 열심히 짓지 않느냐고요? 왜 그래야 합니까? 원님에게만 좋은 일인데……"라고 말한 걸 생각나게 합니다. 비숍도 "소유한 모든 것을 탐욕스럽고 부정한 관리들에게 빼앗길 것이라는 사실을 알기 때문"에 조선인이 게으르다며 안타까움을 표시했습니다.

조선총독부는 조선인이 게으르다는 확고한 믿음을 가졌습니다. 그래서 조선을 강제로 병합한 직후에 "노동을 혐오하는 조선인의 만성적인 악습을 제거하고 노동의 습관을 길러주기 위하여 교육의 목적을 국가가 필요로 하는 실용적인 인물을 길러내는 것"이라고 공언했습니다. 이를 위해 '근로진작'이라는 구호를 내걸었지요. 실업교육도 장려했습니다. 이러한 정책은 프랑스의 사화학자 르봉G. Le Bon의 말에서 명확히 찾을 수 있습니다.

> 문명인에게 시행한 것과 같은 수준의 교육은 반半문명인인 식민지인에게 적합하지 않다. …… 초보적인 산수와 약간의 과학이 가미된 농업이나 산업, 수공업 같은 단순한 내용을 가르치는 것이 훨씬 효과적이다.

일본은 영국이 인도에서 실시한 고등교육의 실패를 답습하지 않으려고 실업교육을 강조했습니다. 인문교육이 민족적 자각을 촉진하고 노동을 혐오하는 고등실업자를 양산하기 때문에 위험하다고 여겼습니다. 그리하여 1938년, 조선에서 중등학교과정에 재학하는 학생의 절반은 실업계 학생이었습니다. 대학생도 실업계 학생이 77퍼센트를 넘었지요. 산업화가 이뤄지지 않은 식민지 조선에서 농업인구는 70퍼센트가 넘었습니다. 식민정부는 그런 이유로 농업교육이 중요하다고 주장했습니다. 농업고등학교에 다니는 학생이 7000명이 넘었고, 일제 막바지인 1943년에는 2만 명에 이르렀습니다.

국가가 국민의 신체를 검사하고 규율하며 훈련한 것도 근면적인 일꾼을 만들기 위해서였습니다. 운동을 하지 않는 게으른 조선인의 몸을 건강한 신체로 만들기 위해 체육을 강조한 겁니다. 일본은 국가가 필요로 하는 좋은 신체가 훈련으로 육성될 수 있다고 믿었습니다. 일제하 조선에서 전국적인 체육대회는 1925년에 시작됐습니다. 1939년 7월부터 경성에서는 체력장제도가 실시됐습니다. 신체를 단련하고 집단정신을 배양하는 집단체조가 강조된 것도 같은 이유였지요. 게으르지 않은 신체, 게으르지 않은 정신을 만들겠다는 지배자의 의지가 반영됐습니다.

모든 일에 근면하라

인도인 작가 니라드 쵸두리Nirad C. Chaudhuri는 영국령 인도의 근거지 뱅골 출신으로 영국 문화의 영향을 받으며 성장했습니다. 그는 훗날 영국에 정착했다가 100세가 넘어 사망했지요. 그가 젊은 시절에 쓴 책을 보니 모국을 호메로스의 《오디세이》에 나오는 마녀의 이름을 따서 '키르케Circe의 대륙'이라고 불렀더군요. 마녀 키르케가 마술을 걸어서 만나는 남자들을 모두 돼지로 바꾸는 것처럼 더운 날씨와 인도인이 먹는 되직한 음식이 인도인을 전부 돼지처럼 나태하고 활력이 없는 사람으로 만든다고 했습니다. 그의 주장은 인도를 지배한 백인들의 주장과 일맥상통합니다.

백인들은 아시아, 아프리카의 유색인 원주민들이 천성적으로 게으르다고 여겼습니다. 그러한 인식은 식민주의가 사라진 오늘날에도 큰 영향을 미치고 있습니다. 이미지의 영속성도 문제지만, 더 심각한 건 비서구의 유색인들이 그 부정적 이미지를 받아들이고 내면화했다는 데 있습니다. "너희들은 게으르다. 그래서 발전하지 못해 야만의 수준에 머물러 있다. 그 나태의 습성을 제거하고 부지런해야만 미래가 있다!"는 주장을 자주 들으면서 믿게 된 겁니다.

비서구의 주민들은 자신들이 게으르고 나태하다고 여기면서 열심히 일하고 게으르지 않아야 야만과 저발전에서 벗어날 수 있다고 생각했습니다. 식민지배자의 논리를 받아들인 거지요. 정치적으로 패배한 이유가 자신들의 약점에서 기인한다고 판단한 그들은 나태한 습성을 고치는 개혁운동을 시작했습니다. 지배자를 이기고 독립하고픈 욕망이 게으름과 나태를 극복하는 사회개혁운동으로 이어졌습니다.

오늘날 말레이시아의 발전을 주도하는 마하티르Mahathir bin Mohamad 총리는 한때 말레이 민족의 게으름을 나무랐습니다. 《말레이 딜레마》라는 저서에서 말레이인들이 효율적으로 일을 처리하지 않고 느긋하게 여유를 부린다고 비판한 겁니다. 어려운 일을 피하고 쉬운 일만 좋아하면서 일을 처리하는 속도가 더딘 모국을 "세상에서 가장 노력을 아끼는 나라"라며 부정적으로 평가했습니다. 그는 근면이 바탕인 일본을 말레이시아의 발전모델로 삼았습니다. 강자, 지배자의 논리를 따른 것이지요.

인도인도 백인 지배자의 문화를 받아들였습니다. 인도인이지만 영국 크리켓 국가대표팀의 선수로 활약한 나와나가르 왕국의 지배자 란지트싱지Ranjitsinhji도 그중 한 명이었습니다. 크리켓을 대영제국과 자기 왕국을 결속하는 강력한 수단이라고 여긴 그는 영국 스포츠의 가치를 내면화하고 "우리 조상은 게으르도록 키워졌다. 나태와 사치를 가장 신성한 의무로 여길 정도로 게을렀다. 영국의 학교에서 나는 노블리스 오블리제를 배웠다"고 주장해 일부 인도인의 반감을 샀습니다.

사람들만 모두 놀지 아니하고 각각 자기 천분과 천직을 다하여 무엇이든지 노력하여 나아갈 것 같으면 …… 경애하는 인사 자매들이여. 당신들이 힘써서 우리 서울도 동경이 되고 런던이 되게 하소서 …… 영광이 조선에 두루 비치고 이름이 세계에 떨치게 하려면 서울 인사들이 떠오르는 새벽빛을 바라보고 용기 있게 일어나서 각기 사력을 다하여 혹은 붓을 들고 혹은 흑필을 들고 산반을 들고 망치를 들고 싸우고 싸울지어다 …… 일어나는 문명운동에 크게 호응하여 응원하며 투신하여 희생이 되어라. 그리하면 우리 서울도 오래지 않아서 동경이 되고 '와싱톤'이 되고 '파리', '베를린', '런던'이 되겠다.

1920년 조선에서 나온 이 글은 "놀지 아니하고 자기 천분과 천직을 다하여 무엇이든지 노력하여 나아가면" 서구에 필적할 수 있다며 근면을 설파하고 있습니다. 지배자 일본과 세계의 강대국과 공유하는 영역을 찾아내거나 그들의 기준에 맞도록 스스로의 이미지를 쇄신하자고 외칩니다. 그러기 위해서는 "새벽빛을 바라보고 용기 있게 일어나서 각기 사력을 다해"야 한다고 믿었지요. 당연하게도, 그들이 선망하는 서울의 모델은 런던, 파리, 베를린 등 모두 서구 국가들의 수도입니다.

물론 일제강점기 이전의 대한제국 시기에도 게으른 조선인에 대한 이야기는 많이 나왔습니다. 일본의 압력을 받으며 나라가 기우는 상황에서 근대화를 이루기 위한 전략으로 '식산흥업'을 내세우며 노동의 가치를 높이려던 것입니다. 당시 언론은 조선인의 게으름을 비판하고 노동의 중요성을 자주 언급했지요. 당시 논조는 서구유럽이나 미국의 사조와 멀지 않았습니다.《독립신문》의 한 사설은 "조선인의 90퍼센트가 일을 안 하고 빈둥거리고 있다"고 지적하며 게으름과 나태를 사회악으로 여겼습니다.

"공연히 남의 집에 와서 할 일 없이 먹고 있는 사람이 많은 까닭이라 …… 모두 남에게 의지할 생각밖에 없는지라……." 정치가이자 독립운동가인 서재필 선생은《독립신문》사설에 조선인의 모습을 이렇게 묘사했습니다. 미국 문화의 영향을 받은 서재필처럼 게으름을 조선의 악습이라고 본 사람은 아주 많았지요. 서재필보다 늦게 활동한 독립운동가 김구도 "손가락 하나 안 놀리고 주둥이만 까게 하여 민족의 원기를 소진해 버리니 남은 것은 당파싸움과 의뢰심뿐이라"며 조선인의 게으름을 신랄하게 비판했습니다.

《독립신문》의 필진은 모두 서구문화와 기독교의 세례를 받은 사람들이었습니다. 그들이 "나태하고 우매하고 관의 법령을 복종할 줄 모르고 서로 속이고 의심하고 상하 간에 의구심이 많아 늘 시끄럽고 자기 나라 일을 딴 나라 일처럼 여겨 걱정을 아니하는" 조선인을 크게 나무란 것은 당연했습니다. 그들은 신문의 전면에 문명과 경쟁의 가치를 내세웠습니다. 조선을 위협하는 일본의 힘이 서구 문명을 재빨리 배운 데서 나온다고 믿었습니다.

미국에서 교육을 받은 윤치호도 기독교적 윤리에 물들었습니다. 그는 1890년 5월 18일자 일기에서 조선의 노동을 경시하는 사회풍조를 비판했습니다. 1896년 1월 23일 윤치호가 워렌 캔들러에게 쓴 편지에는 "조선인에게 정직한 노동이 수치가 아님을 가르치는 것은 기독교의 의무 가운데 하나"라고 적었고요. 이듬해 순회강연을 할 때에도 "일하기 싫은 자 먹지도 마라"는 성경 구절을 인용하면서 노동의 소중함을 역설했습니다. 윤치호가 1900년대 초부터 이론보다 생산 위주로 실업교육을 추진한 것도 노동의 중요성을 알리기 위해서였습니다.

윤치호와 다른 길을 걸은 친일파 이규완도 '게으른 본성'을 가진 조선민족에게 독립될 자격이 없다고 확신했습니다. 그는 1916년 "우선 조선의 제일 악습고질인 나타를 타파하여 근면의 기풍을 양성한 후에 개발을 도모"해야 한다고 강조했지요. 나태한 민족성을 고쳐야 나라가 부강할 수 있다고 여긴 겁니다. 일제하 조선에서 장관이 된 그는 직접 짚신을 만들고 부하의 자녀에게 양잠과 견직을 가르쳤습니다. 친미파인 윤치호와 친일파인 이규완이 실업을 강조한 점은 당대 힘이 어디에서 기원하는지를 잘 알려줍니다.

조선이나 인도처럼 식민지가 되진 않았으나 서구 열강에게 영토를 분할당한 중국의 지도자들도 자국이 패배한 원인을 열등한 국민성에서 찾았습니다. 노예근성과 나태함이 중국이 척결해야 할 국민성에 포함됐지요. 사실 근세 이후에 중국을 개혁하려던 지도자들은 모두 국민성의 개조를 언급했습니다. 혁명을 이룬 쑨원은 봉건제에서 왜곡된 국민성을 바꾸려고 했고, 신문화운동기의 루쉰魯迅은 최하층 날품팔이 아큐를 통해 국민성의 개조를 역설했지요. 게으름이 개조해야 할 국민성의 중심이었습니다.

개혁을 주장한 인도인도 무력한 인도인을 개조하고 싶어했습니다. 힌두들의 성서인 행동의 철학서《바가바드기타》가 조명을 받은 것이 19세기 후반이었습니다. 민족주의가 싹트던 분위기와 맞물렸지요. 혁명가이며 반영운동가인 오로빈도 고시Aurobindo Ghosh는 사색적이며 비세속적이라고 알려진《바가바드기타》를 역동적인 행동의 교리로 해석해야 한다고 주장했습니다. 출가한 민족주의자 비베카난다Vivekananda도 게으르고 나태한 삶과 국민의 허약성을 개혁할 것을 촉구했습니다.

일본의 지배를 받은 조선에서도 유사한 운동이 시작됐습

니다. 일본이 비난한 게으르고 나태한 조선의 '민족성'을 개조하려는 운동이었지요. 1922년 《개벽》에 실린 이광수의 '민족개조론'에는 "조선인이 공상과 공론만 즐겨 나태하다"면서 나태를 조선이 쇠퇴한 근본원인 가운데 하나로 지목했습니다. 조선이 살아남으려면 고대로부터 내려온 관대함, 금욕, 예의와 같은 민족성을 되찾아야 한다고도 주장했습니다. 부지런함을 실천하라고 덧붙였고요. 그의 주장은 일제의 식민논리를 재탕했다고 많은 비판을 받았습니다만. 이광수는 또 1925년 《개벽》에 실은 '소에 대한 찬가牛頌'에서 게으른 사슴보다 부지런한 소를 찬양하며 민족개조론의 입장을 재확인했습니다.

기린 사슴 착하여도 모양내고 교만하고 게을러서 못쓸러라.

양은 인자하나 잔약하니 어이하리. 염소는 강하다고 심술궂어 못쓸러라.

힘 있고 강하고도 인자하고도 위엄 있고 점잖고 겸손하고

욕심 없고 부지런하고 남을 위해 몸 받치니 어허 네 이름이 소로고나

어허, 네 이름이 소로고나. 천지가 이로부터 자비를 배워 태평할까 하노라

당대 나온 문학작품에서도 게으름은 비판의 대상이었습니

다. 1924년에 단행본으로 출판된 염상섭의 소설 〈만세전〉은 일본에서 유학 중인 주인공 '나'가 아내가 위독하다는 전보를 받고 귀국하는 것으로 시작됩니다. 배를 타고 부산에 내린 주인공은 일본의 입지가 넓어지는 민족의 암담한 현실을 보고, 그 원인이 일제 탓만은 아니라 생각하고 조선인의 나태함과 안이함, 노예근성을 비판합니다. 소설에서 조선은 원래 제목(《묘지》)처럼 묘지에 비유됩니다.

당시 조선에서도 노동자를 근로자라고 불렀습니다. 열심히 일하는 노동자라는 의미를 가진 근로자라는 명칭은 큰 저항감이 없이 받아들여졌습니다. 게으름이 큰 비판을 받는 분위기에서는 무력함도 좋은 평가를 받을 수 없었습니다. 1923년, 외국에 다녀온 김성金星은 4년 만에 고국에 돌아온 소회를 적은 글에서 느리고 활력이 없는 국민들을 보고 안타까워합니다.

우리나라에 척 내려서면서 처음으로 가장 강하게 제 마음에 상처를 내여 주는 것은 다른 아무것도 아니요 우리나라 사람의 걸음걸이 모양이 그것이올시다. 어떻게 절반은 죽은 사람처럼 또는 모두 긴 병자들처럼 측 늘어지고 활기 없이 느릿느릿 거리는 모양은 참으로 눈에서 피가 쏟아지도록 보기 싫은 것이었습니다. 물론 거기에는 민족적 공통한 이유가 있겠지요. 분주하지 아니한 민족, 게으르게 뵈는 의복을 입은 민족, 공통적으로 약질인 민족,

왕래에 양반 걸음걸이 본을 전래해온 습관의 노예가 된 민족, 이 민족이기 때문에 걸음이 이같이도 보기 싫게 됐겠지요.

한글신문도 게으름과 나태를 가장 큰 죄악으로 몰고 그것을 고치고 근면을 배워야 조선에 미래가 있다는 논리를 따라갔습니다.《동아일보》1923년 5월 27일자 사설은 조선이 부활하기 위해 필요한 조건은 경제적 독립이라고 정의하고 조선인이 나태한 것이 결점이라고 짚었습니다. 당연히 대안은 근검하고 열심히 일하는 것이었지요.《동아일보》는 1926년 9월 19일자 사설에서도 조선의 현재 상황은 나태가 누적되어 생겼다고 진단하고, 조선의 부활을 위해 일하자고 적었습니다. 나태는 죄악이고 노동은 지선이며, 노동이 있는 곳에 문명이 있다고 했습니다.

1929년 1월 24일자《동아일보》는 게으름의 표상인 조선 양반의 기본 생활법칙을 두 가지로 설명했습니다. 첫 번째는 밥을 먹을 때와 글씨를 쓸 때 빼고는 손 하나 까딱하지 않는 것입니다. 두 번째 법칙은 "모든 사람이 내 시중을 들도록 만들라. 남들 시중을 들 생각은 말라"였습니다. 특히 두 번째 법칙을 "조선인들에게서 나타나는 게으름의 어머니"라고 적어 게으름을 조선인과 불가분의 천성으로 박제화합니다.

게으름은 조선의 죄악이 됐습니다. 일본 제국주의자들은

조선의 농민이 빈곤한 원인도 나태함에서 나온다고 선전했습니다. 농한기에 취생몽사醉生夢死하는 농민들의 게으름에 모든 책임을 돌렸습니다. 그렇게 해야 식민통치의 부정적 측면을 감출 수 있었지요. 서구의 식민지배자와 다를 바가 없었습니다.

그러나 소수를 속이거나 다수를 잠시 속일 순 있지만 모든 사람을 영원히 속일 순 없었습니다. 1924년 11월 11일자《동아일보》는 빈곤의 책임이 농민의 게으름에서 나오는 것이 아니라 일본인과 총독정치에 있다고 맞받았습니다. 조선에 있는 모든 자리를 일본인이 차지하고, 일본에 유리한 경제정책이 빈곤을 야기했다고 주장했습니다. 조선인의 빈곤은 식민통치의 도덕적인 측면에서 죄악이라고도 덧붙였습니다. 그것은 사실이었습니다. 때리는 사람이 나쁜 법이니까요.

슬프다, 우리 민족이여, 4천여 년의 역사국가로 자자손손 누려왔는데, 오늘날 이 경우에 어찌하여 이르렀는가……
동해의 자라도 마음이 있다면 우리처럼 슬퍼할 것이다. 금수강산은 빛을 잃고, 광명한 일월도 또한 어둑어둑하다. 이는 누구의 죄인지 조금 생각하라. 우리 죄 너의 죄 구별이 있다. 가련한 우리 학교여, 자나 깨나 우리 마음, 나태한 악습과 의뢰하는 사상을, 모두 모두 한칼에 베어버리자.

평안남도 강동군에 있는 보성학교에서 학생들이 불렀다는 〈정신가〉의 노랫말입니다. 이 노래는 함경도와 평안남도의 다른 지역에서도 불렸다고 합니다. 나태와 게으름으로 조국을 빼앗겼으니 그 악습을 고쳐서 옛날로 돌아가자는 내용입니다. 이처럼 당대 학생들은 모두 나태를 제일 먼저 버려야 할 습관이라고 배웠습니다. 1932년 《삼천리》에 실린 '청년학도에게 주는 십계명'에도 자주 언급된 것이 나태였고요. 중앙고등학교의 교장인 현상윤은 "근면하라. 나태는 우리 민족의 결점이다"고 말했고, 양정고등학교의 교장 안종원도 "모든 일에 근면하라"고 일렀습니다. 이런 인식에는 지배자 일본의 성공이 근면에 있다는 전제가 자리하고 있었습니다.

***

복제된 게으름의 신화

일제강점기에 나온 문학작품에서 야유와 조롱을 받은 룸펜 Lumpen은 게으르게 생활하는 배운 사람이었습니다. 바쁜 삶에 저항하는 의미를 가진 듯이 보였으나 룸펜은 가난했고 병을 가진 부정적인 존재로 여겨졌습니다. 1932년 《혜성》에 실린 박로아의 〈룸펜시대〉에는 "이 룸펜군은 비록 눈칫밥 먹고 찬 방에

서 배를 깔고 원고료 없는 원고를 쓰고 있을 망정 불원한 장래
에는 현실성이 충분히 있다고 확신한 막연한 희망과 거기에 따
르는 지조만은 가지고 있다는 것이 똥구루마를 끌지 않고 '야
끼이모(군고구마)' 장수를 하지 않는 그들의 배고픈 품위와 체면
을 간신히 설명해준다"며 일하지 않는 자를 비꼬는 대목이 들
어 있습니다.

　일하지 않는, 아니 일하지 못하는 룸펜의 방황과 좌절을 다
룬 소설은 많습니다. 식민통치하에서 교육을 받은 지식인들은
일자리를 얻기 어려웠고, 딱히 갈 곳도 없었으니까요. 소설이
나 수필을 쓴 작가들도 대개는 룸펜 생활을 면치 못했습니다.
그들의 게으름은 식민지 피지배자들이 가진 선천적인 게으름
이 아니라 강요된 게으름, 비자발적 게으름이라고 할 수 있었
지요. 1934년에 나온 채만식의 〈레디메이드 인생〉도 이런 시대
적 비극을 잘 드러냅니다.

인텔리 …… 인텔리 등에도 아무런 손끝의 기술이 없이 대학이
나 전문학교의 졸업증서 한 장을 또는 조그마한 보통상식을 가진
직업 없는 인텔리 …… 해마다 천여 명씩 늘어가는 인텔리 ……
뱀을 본 것은 이들 인텔리다. 부르주아지의 모든 기관이 포화상
태가 되어도 수요가 아니 되니 그들은 결국 꼬임을 받아 나무에
올라갔다가 흔들리는 셈이다. 개밥의 도토리다. 인텔리가 아니

됐으면 차라리 노동자가 됐을 것인데 인텔리인지라 그 속에는 들어갔다가도 도루 달려 나오는 것이 구십구 퍼센트다. 그 나머지는 모다 어깨가 축 처진 무직 인텔리요 무기력한 문화예비군 속에서 푸른 한숨만 쉬이는 초상집의 주인 없는 개들이다.

식민지배자가 생산한 피지배자의 부적격성, 열등성은 당대 비서구인이 다른 비서구인을 바라볼 때도 드러났습니다. 일제하 조선에서 나온 기행문《남양군도의 물산과 풍속》에는 남양의 팔라우와 트럭, 얍 등에 사는 사람들을 "대개가 나태"하다고 평가하고 있습니다. 이들이 "나태하여 노동을 하지 않고 과실을 따먹으며 배를 채우고 있어서 그들에게 아무리 근로를 장려해도 효과가 크지 않다"고 해 백인 지배자들과 일본 제국주의자의 주장을 답습합니다.

일제하 조선에서 나온 인도에 관한 글에도 백인들이 창조한 인도의 이미지가 그대로 반영됐습니다. 1923년《개벽》38호에 실린 필명 설악선인雪嶽山人이 쓴 '인도의 여름夏'이라는 글에는 더운 날씨와 그 결과인 인도인의 나태한 습관을 언급하고 있습니다. "인도인은 나태의 악습이 있다. 허지만 실은 인도인들이 나태한 것이 아니라 기후의 관계로 자연 활동력이 감쇄되고 위축되는 것"이라는 설명으로 약간 노선을 바꾼 필자는 1년 중 7개월인 활동이 어려운 여름이 발전의 장해이며 인도인의 불행이라고 했습니다.

　힘을 가진 자가 창출한 비서구 세계에 대한 부정적인 인식은 식민주의가 공식적으로 종결된 뒤에도 지속되고 있습니다. 일본으로부터 독립한 지 10년 뒤인 1956년 6월 20일자 《경향신문》에는 "동양인은 자족하고 나태하니 생산적 노력이 부족한 반면에 서양인은 탐구하고 근면하니 생산적 노력이 활발하다"는 기사가 실렸습니다. 유색인＝원주민＝식민지인의 나쁜 이미지와 그에 대비되는 긍정적인 서구의 이미지가 사라지지 않고 재생산되면서 이어지는 걸 알 수 있습니다. 근면한 지배자의 통치를 정당화한 식민담론이 식민주의보다 오래가는 것입니다.

　1961년 11월 7일자 《경향신문》에도 천주교교단에서 모든 신도들에게 근로정신을 환기시켰다는 기사가 실렸습니다. 예수가 가난한 노동자 목수의 집에서 태어나 30년간 노동했다는 점을 언급한 글은 노동의 신성성과 위대성을 강조했습니다. 그러면서 혁명으로 집권한 국가재건최고회의 의장에게 '근로정신의 선봉'이 되도록 당부했습니다. "한국인은 솔직히 말해서 나태한 민족이다. 오랫동안 사농공상의 계급관념에 사로잡혀 근로계급을 천시한다"면서 우리 국민이 재생하기 위해선 근로정신의 함양이 필요하고 나태한 국민성을 개조해야 한다는 익숙한 주장을 반복했습니다. 이후 우리나라는 일하고 더 일하는 근면이 미덕인 사회로 바뀌었습니다.

인도는 보통 신비와 명상의 나라로 우리에게 알려져 있다. 카스트 제도에 기인한 철저한 신분사회, 열악한 생활환경, 전 국민적 종교인 힌두교 등도 인도를 생각하면 가장 먼저 떠올리게 되는 것들이다. 인구가 너무 많고, 국민들의 천성이 게을러 발전의 가능성이라고는 찾아볼 수 없는 '구제불능'의 나라로 비쳐지기도 한다.

눈에 보이는 지배는 사라졌어도 유색인을 나태하다고 여기는 백인 지배자의 논리는 다른 비서구인의 인식에 살아 있습니다. 위의 글은 2000년 11월 우리나라의 한 유명 신문에 실린 인도에 관한 글인데, 19세기 서구 지배자가 만든 인도인의 게으른 이미지가 신화가 되어 이어지는 걸 보여줍니다. 유명한 시인 황지우의 시 〈노스탤지어〉에도 무능이 죄가 되지 않는 게으른 인도가 무의식적으로 재생산됩니다.

나는 고향에 돌아왔지만 아직도 고향으로 가고 있는 중이다
그 고향…… 무한한 지평선에 게으르게, 가로눕고 싶다
인도, 인디아! 무능이 죄가 되지 않고 삶을 한번쯤 되 물릴 수 있는 그곳

온갖 야한 체위로 성애를 조각한 사원

초월을 기쁨으로 이끄는 계단

올라가면 영원한 바깥을 열어주는 문이 있는 그곳

나태와 게으름을 물리치고 근면하여 산업화를 일군 우리의 시선이 강자를 닮아가는 걸 알 수 있습니다. 우둔하고 활기가 없으며 무식하고 선천적으로 게으른 민족이라는 평가를 받은 한국이 세상에서 일을 가장 많이 하고 가장 빠르게 움직이는 나라로 바뀌었기 때문입니다. 그 모든 것이 20세기 후반의 아주 짧은 기간에 일어났습니다. 그 과정에는 과거 지배자인 일본에게 보내는 '우리도 할 수 있다'는 메시지와 그들을 이기고 싶은 안간힘이 배어 있습니다. 더구나 발전의 모델이 일본이었다는 점은 의미심장하지 않습니까?

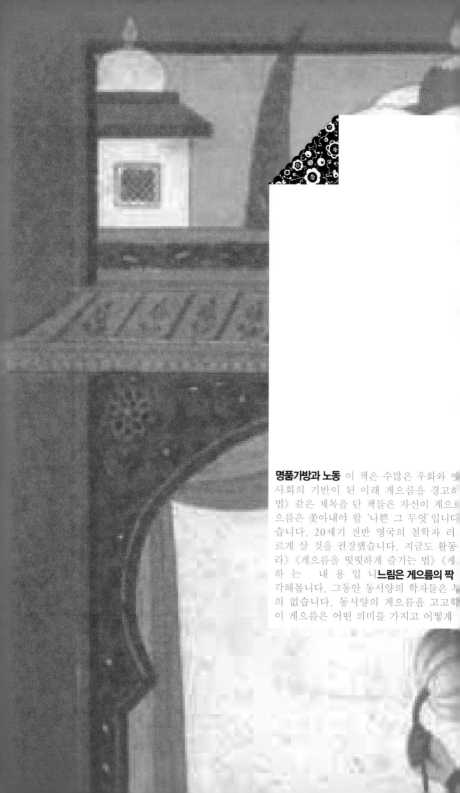

명품가방과 노동 이 책은 수많은 우화와 여
사회의 기반이 된 이래 게으름을 경고하
법》 같은 제목을 단 책들은 자신이 게으르
으름은 쫓아내야 할 '나쁜 그 무엇'입니다
습니다. 20세기 전반 영국의 철학자 러
르게 살 것을 권장했습니다. 지금도 활동
라》《게으름을 떳떳하게 즐기는 법》《게
하 는   내 용 입 니 **느림은 게으름의 짝**
각해봅니다. 그동안 동서양의 학자들은 누
의 없습니다. 동서양의 게으름을 고고학
이 게으름은 어떤 의미를 가지고 어떻게

05

소비주의와 게으름 *

게으르면 가난해진다거나 게으른 자는 성공할 수 없다는 교훈을 말하지 않습니다. 근면이 근대 산업
라고 일러주는 책은 이미 많이 나왔**일은 우리의 종교** 습니다. 《게으름이여, 안녕!》《게으름 퇴치
를 가진 이들에게 마치 악마를 쫓아내는 주술사처럼 게으름을 퇴치하는 방법을 일러줍니다. 여기서 게
책은 약간의 멋과 여유로움을 담아서 게으름을 찬양하지 않습니다. 게으름을 찬양하는 책도 아주 많
ussell이 펴낸 《게으**흥부와 놀부의 사회** 름에 대한 찬양》은 열심히 일하는 당시 사회를 향해 게으
철학자' 쌍소Poerre Sansot도 게으른 생활을 권유합니다. 서구에서 나온 《오래 살려면 게으름을 즐겨
 같은 책들은 모두 러셀과 쌍소처럼 사회적으로 어느 정도 성공한 사람들이 여유롭게 게으름을 권유
에서 게으름이 나쁘다고 여겨지고 게으른 행동에 죄책감을 갖도록 부추기는 역사와 문화에 대해 생
를 가진 게으름을 주목하지 않았습니다. 그래서 게으름에 대한 학문적인 연구 **비틀스와 히피** 는   거
려던 본래 계획이 다소 어긋**하쿠나 마타타** 난 것도 발굴된 기록이 많지 않기 때문입니다. 이 책
는지를 추적하면서 게으름을 자책하는 사람들에게 약간의 해방감을 주길 희망합니다. 게으름이 '나쁘

***

명품가방과 노동

오늘날에는 산업화를 주도한 국가와 산업자본가를 대신하여 상품을 생산하는 기업체들이 사람들에게 열심히 일하라고 지속적으로 부추깁니다. 온라인과 오프라인을 점령한 수많은 광고들은 좋은 상품을 가져야 우리의 삶이 개선되고 행복해질 것이라고 설득하고 유혹합니다. 광고에 나온 TV와 자동차를 사고 브랜드아파트에서 살려면 돈이 필요하고 그래서 열심히 일을 해야 합니다. 토끼처럼 낮잠을 자고 나면 늦을지도 모르기 때문입니다.

기업이나 광고주들이 사람들에게 근면을 장려하는 셈입니다. 언제 어디서나 무차별적으로 쏟아지는 광고는 게으르면 꿈을 가질 수 없다고 말합니다. 광고 속 세상은 게으름뱅이는 절대 살 수 없는 환상적인 세계입니다. 세계여행을 할 수 있고 명품가방을 만질 수 있으며, 비싼 커피를 마실 수 있으니까요. 그곳에 가는 길은 열심히 일하고 돈을 버는 것입니다. 게으름은 그 기회를 막는 나쁜 습관이고요.

2장에서 언급한, 게으름을 찬양한 프랑스의 라파르그는 일

195
05 소비주의와 게으름

찍이 1883년에 발표한 〈게으름에 대한 권리〉에서 글을 쓰는 이
유를 "노동자들이 노동에 대해 지닌 지나친 열정을 누그러뜨리
고, 그들이 생산한 상품을 소비하도록 의무를 갖게 하는 데 있
다"고 했습니다. 그는 게으름이 그 목표로 가는 길이라고 여겼
으나 소비가 다시 노동에 대한 열정을 불러일으킬 줄은 몰랐던
모양입니다.

　노동을 거의 종교의 경지에 올려놓은 주체가 바로 자본주
의입니다. 오늘날의 소비문화는 행복을 정해줍니다. 그러면서
"강남의 넓은 브랜드아파트, 먹을거리가 잔뜩 든 최신형 냉장
고, 대형 텔레비전이 놓인 넓은 거실, 웃음이 떠나지 않는 행복
한 가정"을 얻기 위해 게으르지 말고 일하라고 가르치지요. 부
모가 엄청나게 많은 유산을 남기지 않았다면, 명품가방을 욕망
하는 여성이나 좋은 자동차를 갖고 싶은 남성은 게으를 수가
없습니다. 열심히 일해야만 그걸 지를 수 있으니까요.

　일하고, 돈을 번다고 욕망하는 것을 다 살 순 없습니다. 졸
린 눈을 비비고 일어나 아침밥을 건너뛰고 출근해서 온갖 눈치
를 받으며 한 달 일한 보답으로 겨우 광고에서 일러주는 상품
몇 개를 사는 데 만족해야 합니다. 다시 또 열심히, 바쁘게 한
달을 살아야 나머지 물건을 만날 수 있지요. 그런데 한 달이 지
나면 광고는 다시 더 좋고 기능이 더 뛰어난 새로운 상품이 나
왔다고 알려줍니다. 다람쥐가 쳇바퀴를 돌리듯이 바쁘고 분주

한 일상이 반복됩니다.

영국의 사회학자 앨런 톰린슨Alan Tomlinson은 〈소비문화와 상품의 아우라〉라는 논문에서 상품이 아우라, 즉 환상적인 분위기를 갖게 된 현대사회를 언급합니다. 그에 따르면, 청바지나 고급시계를 사는 소비자들은 그 물건의 실제 유용성보다는 멋진 모델과 광고가 전해주는 이미지를 보고 물건을 구매하지요. 유명배우가 보여주는 라이프스타일을 따라 하려고 물건을 사지만, 정작 소비자는 그걸 누릴 충분한 시간이 없습니다. 카드사용대금을 결제하느라고 주중 내내 열심히 일해야 하니까요.

우리나라에 소비주의가 막 싹을 틔우던 1932년 12월 24일자《조선일보》는 보너스를 받고 좋아하는 사람들을 언급했습니다. 필자는 1년에 한 번 사탕발림으로 주어지는 보너스가 자본가들이 부리는 사람을 길들이는 경제적 규율장치라고 간파합니다. 그로부터 80년이 지난 오늘날에도 노동자들은 그런 장치를 거부하지 못하고 자발적으로, 비자발적으로 거기에 매입니다. 일을 해야만 원하는 걸 얻을 수 있기 때문이지요. 노동자는 언제든 소비자가 될 수 있으나 다시 일을 해야 소비를 보장받습니다. 게으름이 낄 자리가 없지요.

상품을 생산하고 파는 광고주들은 이러한 대중의 두려움을 잘 알고 있습니다. 우리는 어려서부터 아무것도 하지 않으면 아무것도 가질 수 없다는 걸 배웠습니다. 끊임없이 남을 의식하며 사는 현대사회에서 아무것도 가지지 않는 것은 실패를 의미한다는 것도 알고요. 다른 사람에게 비친 나, 타인의 거울 속 나를 꾸미고 보여주기 위해 더 많은 걸 욕망하고, 그것들을 사들입니다.

오늘날 게으르면 안 된다고 가르치는 사람들은 광고주입니다. 한때 힘을 가졌던 귀족들이 아랫사람에게 일을 시켰고, 근대의 산업자본가들이 노동자에게 게으르지 말라고 강조했다면 이제 매혹적인 상품을 파는 글로벌 기업들이 근면을 강조하고 강제합니다. 그들이 만든 광고는 돈이 있어야 행복하다는 환상을 심어줍니다. 게으름을 누리면서 그걸 가질 순 없지요. 돈을 벌기 위해 대중의 약점과 두려움을 이용하는 그들에게 길들여진 소비자들은 힘들여 일하고 소비합니다.

일곱 명의 아들을 가진 한 어머니가 낳은 여덟 번째 아들은 코브라였습니다. 막내아들은 상심하는 어머니에게 매일 한 토막씩 자신의 몸을 떼어내어 황금으로 만들어주었지요. 허나 욕심 많은 어머니는 황금을 더 가지려고 어느 날 코브라의 몸을 두 토막이나 잘랐습니다. "이제 저주가 풀렸어요. 욕심 많은 사람이 나를 죽여야 저주가 풀리거든요." 코브라는 웃으면서 죽었습니다.

인도의 벵골 지방에서 전해지는 황금코브라 이야기는 인간의 탐욕을 비판합니다. 일을 강조하고 근면을 압박하며 더 많은 것을 기대하는 세상에서 황금을 탐하는 코브라의 어머니는 늘 수밖에 없습니다. 기독교의 십계에서 탐욕은 맨 마지막입니다. 그러나 인간은 만족을 모르기 때문에 탐욕도 끝이 없습니다. 끝이 올 때까지 끝이 없다는 점에서 탐욕은 무섭습니다. 근면을 강조하고 게으름을 억압하는 사회적 분위기는 탐욕과도 관련을 맺고 있습니다.

게으름이 탐욕으로 이어지지 않는 건 분명합니다. 한가하게 앉아서 커피를 마시고 느린 걸음으로 산책을 즐기며 방에서 뒹구는 데는 큰돈이 들지 않습니다. 게으를 수 없는 것은 욕심이 있어섭니다. 명품가방을 사고 고급호텔에서 밥을 먹으려면 돈이 필요합니다. 뒷산에 가면서 비싼 아웃도어재킷이 필요하다면 주말에 산에 가는 대신에 쉬지 않고 일해야 하겠지요. 아이를 좋은 학원에 보내 위대한 인물로 만들 욕심을 가진 부모라면 때로 두 개의 직업, 세 개의 일도 마다하지 않아야 합니다.

영화 〈마이 페어 레이디〉의 주인공 일라이자의 아버지 둘리틀이 생각나네요. 그는 딸이 벌어오는 돈을 뺏어서 술을 마시는 게으르고 나쁜 아버지입니다. 딸이 히긴스 교수의 집에 머물러 살자, 그걸 빌미로 돈을 요구합니다. 일라이자의 아버지의 언변에 감복한 히긴스는 5파운드를 달라는 그에게 10파운드를 줍니다. 둘리틀은 욕심이 자신을 타락시키지 않도록 필요한 5파운드만 받겠다고 대꾸합니다. 일라이자의 아버지는 하층계급이지만 게으르고 유유자적하게 지냈습니다.

그런 둘리틀은 딸을 잘 둔 덕분에 중산층이 됐습니다. 히긴스가 죽으면서 남긴 큰 유산으로 중산층 '신사'가 된 일라이자의 아버지는 불평합니다. "난 행복하고 자유로웠어. 이젠 사람들이 내게 구걸하는 것이 지겨워. 1년 전만 해도 아는 사람이 없었는데, 이젠 50명이 넘어. 하지만 진실한 녀석은 하나도 없지." 그게 싫으면 돈을 돌려주라는 말에 그는 이렇게 대답합니다. "그게 바로 문제야. 우리 모두 길들여졌거든."

그렇게 우리는 소비사회에 길들여집니다. 모든 인간은 정도의 차이는 있으나 물질에 대한 욕망을 갖고 있습니다. 오늘날의 자본주의체제는 그 '욕망'의 윤활유로 돌아갑니다. 사람들은 맛있는 걸 먹고 오래 살며 좋은 물건을 갖고 싶은 욕망을 위해 일하고 벌고 소비합니다. 특히 자존감과 자신감이 부족한 사람들이 더 많은 것을 욕망하지요. 글로벌 기업들은 불안감과 손을 잡은 인간의 욕망을 간파하고 이용합니다.

소비가 강조되는 세상에서는 열심히 일하고 저축만 하는 개미가 높은 평가를 받지 않습니다. 개미와 베짱이 이야기도 시대에 맞게 새로운 버전으로 발전했습니다. 새 버전에선 땡볕에서 일하는 개미를 비웃으며 즐겁게 생활한 베짱이가 돈 많은 개미에게서 값싼 이자로 돈을 빌려 명품을 사고 집을 삽니다.

집값이 올라 부자가 된 베짱이는 추운 겨울이면 그 돈으로 따뜻한 남쪽지방으로 놀러갑니다. 반면에 여름내 일만 하던 개미는 허리디스크에 걸려서 고생합니다.

그러나 인생은 우화처럼 단순하지 않습니다. 하나의 가치만 옳다거나 그르다고 할 수 없거든요. 노벨문학상을 받은 인도의 시인 타고르는 〈생의 실현〉에서 이렇게 말했습니다. "악은 강의 양안과 같다. 양안은 흐름을 막지만, 흐름을 추진하는 방편이 된다. 이 세상의 악은 물이 흘러가듯이 인간이 선을 향하도록 존재한다." 어쩌면 게으름과 근면도 그런 관계인지 모릅니다. 아마도 삶에는 열심히 일하는 것만큼 적절한 수준의 게으름이 필요할 겁니다.

일은 우리의 종교

근면은 종교가 됐습니다. "세상 사람들은 일을 너무 많이 한다. 노동이 미덕이라는 믿음 때문에 엄청난 손해가 생겨났다"고 말하면서 게으름을 찬양한 영국의 러셀이 생각납니다. 노동의 윤리가 결국 노예의 윤리라고 간파한 러셀은 이미 1930년대에 "하루에 네 시간만 노동하고, 여가를 즐겨라"고 했습니다. 그러나 21세기인 지금도 그런 날은 오지 않았습니다.

사실 게으르게 살라고 조언한 러셀도 결코 게으르게 살지 않았습니다. 그는 하루에 평균 3000단어 이상의 글을 썼다고 알려져 있으니까요. 1950년에 노벨문학상을 수상한 그는 60여 권의 책을 냈으니 부지런하다는 소리를 들어 마땅합니다. 러셀의 이력을 보면, 일하는 것과 게으른 것은 반대의 개념이 아닌 듯합니다. 열심히 일하면서도 때로 게으름을 즐길 수 있는 것이죠.

게으름은 절대적이 아니라 상대적입니다. 게으름이 근면의 반의어도 아니고요. 하나에서 열까지, 전적으로 게으른 사람도 없습니다. 어떤 여성은 돈을 벌고 자신을 아름답게 꾸미며 밖으로 나도는 데는 부지런하지만, 집안을 치우고 청소를 하며 음식을 만드는 데는 게으릅니다. 그 반대의 여성도 많지요. 물론 예쁜 옷과 데이트가 많은 아름다운 여성의 방이 지저분할 가능성이 큽니다만.

흥미로운 건 열심히 일해서 돈을 잘 벌지만 집을 치우거나 청소를 하는 데 게으른 사람은 그럭저럭 용서가 된다는 겁니다. 얼굴이 예쁘거나 공부만 잘하면 다른 건 모두 엉망진창이어도 용서되는 것과 같은 이치라고 할까요. 반면에 청소는 잘해도 돈을 버는 데 게으른 사람은 사회적으로 문제가 있다며 용서되지 않는 분위기입니다. 오늘날 중요한 것은 돈이고 돈이며, 그저 돈입니다.

재주를 잘 넘는 한 원숭이가 살았습니다. 원숭이가 재주를 부린 대가로 돈을 받는 주인은 그를 데리고 여기저기로 돌아다녔습니다. 어느 날 원숭이는 우연히 동물원에 갔다가 관람객이 던져준 과자와 땅콩을 받아먹으며 사는 원숭이들을 보았습니다. 아무것도 하지 않는 그들이 부러운 그는 밤에 동물원에 찾아가 그곳에서 함께 살기 시작했지요. 재주를 잘 넘는 원숭이는 처음 며칠은 행복했으나 관람객이 오는 시간을 기다리며 아무것도 하지 않는 생활이 지겨워졌습니다. 어느 날 밤에 동물원을 빠져나온 원숭이는 옛 주인을 찾아갔습니다.

물론 일하는 것이 인간의 자긍심을 높여주는 것은 사실입니다. 17세기 프랑스의 수학자 파스칼은 "인간의 모든 불행은 방 안에 가만히 있지 못하기 때문에 시작된다"고 했지만, 이야기 속 원숭이처럼 아무것도 하지 않고 행복할 순 없으니까요. 문제는 늘 지나침입니다.

1954년 노벨문학상을 받은 미국의 작가 어니스트 헤밍웨이가 생각납니다. 일중독자와 다름없던 그는 늘 무언가를 해야만 하는 사람이었습니다. 사냥을 했고 바다낚시를 즐겼으며 술도 많이 마셨습니다. 아무것도 하지 않는 걸 참을 수 없던 그는 전쟁에도 여러 차례 참가했습니다. 제1차 세계대전을 목도한 그는 그 경험을 〈무기여 잘 있거라〉라는 소설로 마무리했습니다. 스페인내란에도 갔고, 그 결과 〈누구를 위하여 종은 울리나〉가 나왔습니다. 많은 명작을 남긴 그가 자신의 묘비에 적어 달라고 부탁했던 문구는 이랬습니다. "일어나지 못해 미안합니다."

　게으름이 사회적으로 무능한 사람들을 지칭하는 것으로 여겨지기 때문에 일하는 기쁨이 없어도 돈을 벌기 위해 일을 해야 합니다. 오늘날에는 일하지 않는 사람이 제대로 대접받지 못하니까요. "나는 일한다, 고로 존재한다"가 된 셈이지요. '변호사님' '교수님'이라는 호칭은 어떤 사람이냐가 아니라 어떤 일을 하느냐가 중요하다는 걸 알려줍니다. 직업이 중요해진 겁니다. 일하지 않는 사람은 게으른 사람으로 여겨지고 사회에서 실패한 사람으로 인식됩니다. 게으름이 자신을 사랑하는 행동으로 여겨져 사회적 악으로 여겨졌듯이 돈을 위한 노동이 자신을 나타내는 기준이 된 것입니다.

　게다가 열심히 일하지 않으면 언제든지 실직될 수 있는 것이 임금을 받고 일하는 노동자의 슬픈 운명입니다. 그걸 알면서 나태하거나 게으름을 부릴 순 없습니다. 실직은 자본주의 체제의 위기가 아니라 개인의 능력이 부족해서라는 것이 일반적인 인식이니까요. 직장을 잃고 곤궁해져도 모든 것은 게으른 개인 탓으로 돌려집니다. 그래서 많은 사람이 근면만이 살길이라고 믿습니다.

오늘날 모든 사람이 바쁘게 일합니다. 서양의 중세교회는 게으른 사람들이 신의 존재를 부정한다며 게으름과 나태를 멀리하라고 가르쳤지만, 오늘날 바쁘게 움직이는 사람들은 신을 염두에 둘 시간이 부족합니다. 일벌레라는 말이 나온 지도 오래됐습니다. 조선시대의 송시열이 일하지 않는 자신을 '좀벌레'라고 자조했으니 인간이 벌레에 비유되는 건 피할 수 없나봅니다. 좀벌레가 아니라 일벌레가 많아진 최근에 나온 유엔 보고서는 과로로 죽는 사람이 1년에 200만 명에 달한다고 말합니다.

노동은 시민의 자랑,

축복은 노력의 대가.

왕은 위엄을 가져야 하고

우리는 손이 부지런해야 한다.

독일의 유명한 시인 프리드리히 실러Johann Christoph Friedrich von Schiller는 〈종의 노래〉에서 근면을 이렇게 말했습니다. '왕'이 위엄을 가지도록 시민은 노동을 해야 합니다. 많은 사람이 근면을 통해 인정받길 바라지만, 고된 일을 하는 자신이 강자의 논리에 갇혀 있다는 걸 알지 못하지요. 윗사람들은 아랫사람들이 아무것도 하지 않거나 더 일하지 않는 걸 싫어합니다. 국가도 게으름을 장려하지 않습니다. 근면한 생산자와 열정적인 소비자가 없다면 국가의 존립이 위험하니까요.

역사상 모든 정부는 게으른 사람들이 불온한 생각을 한다고 경계했습니다. 그래서 지속적으로 일을 하게 만들어 위험을 줄였습니다. 마치 부모들이 아이들이 나쁜 길로 가지 않도록 아침부터 저녁까지 쉬지 않고 무엇인가를 가르치는 것과 비슷했지요. 피아노를 배우고 태권도를 배우며 그림학원에 가느라 뛰어놀 시간이 없는 아이들을 보며 부모들은 자기 자식들이 위험한 세상에서 안전궤도를 순항한다고 여깁니다.

근면을 지나치게 강조하는 19세기 후반의 미국을 통렬하게 비판한 독일의 철학자 니체는 "이른 아침부터 저녁 늦게까지 고단하게 일하는 근면은 사람에게 고삐를 매어 이성과 욕망, 창의력의 발전을 가로막는다. 근면은 최상의 경찰이다"고 말했습니다. 아랫사람들이 딴 생각을 하지 못하게 만드는 최상의 방법은 '무슨 일이든지 하게 만드는 것'이었습니다! 오늘날 우리에게 일하라고 감시하는 경찰은 누구인가요?

돈이 없는 사람은 노동에 매이고 재산이 있는 사람은 근심에 매인다는 말이 있습니다. 근심해도 좋으니 재산이 있었으면 좋겠다는 것이 보통사람의 생각입니다. 오늘날의 사회에서 돈을 경멸하는 것은 위선이지요. 돈은 짠 바닷물과 같아서 마실

수록 목이 마릅니다만, 살기 위해 돈이 필수인 것도 부정할 순 없습니다.

그래서 여전히 일과 근면이 좋은 평가를 받고, 노동은 신성하다고 간주됩니다. "세 살 버릇 여든까지 간다"는 속담에서 보듯이 어릴 때부터 근면함을 심어주어야 평생 게으르지 않고 잘 살 수 있다는 믿음도 강하게 남아 있습니다. 그래서 어른이 되어 쓸모 있는 사람이 되려는 사람들은 자신의 미래가 회사의 미래라고 여기면서 부지런히 일하는 것으로 회사와 조직을 위해 충성합니다.

게으름을 찬양한 라파르그는 프롤레타리아에게 "자연스런 본능으로 돌아가 게으름의 권리를 외쳐야 한다. 노동자들은 나머지 낮 시간과 밤 시간을 한가롭고 멋지게 살기 위해 세 시간 이상 일하지 못하도록 스스로를 억제해야 한다"고 제안했습니다. 그러나 라파르그는 그들이 스스로 억제할 수 없기에 프롤레타리아라는 걸 간과한 듯합니다. 노동자들도 더 많이 일하고 더 많이 버는 것을 행복으로 여기니까요.

연전에 국내 모 방송국 예능프로그램에서 조사한 결과가 인상적이어서 아직도 기억이 생생합니다. 연봉 1억 원을 받고 매일 야근을 할 것이냐, 아니면 그 절반의 봉급을 받고 정시에 퇴근할 것이냐를 묻는 설문조사였는데, 대다수의 응답자가 전자를 선택한 걸 보았습니다. 매일 야근하면 도대체 그 돈을 언제 쓰나요? 시간을 돈으로 믿고 무한한 노동을 감수하려는 사람들이 많다는 점이 놀라웠습니다. 그만큼 어렵다는 걸까요?

일찍이 1928년에 유럽을 여행하고 소감을 남긴 이성용의 글에도 이런 경향에 대한 안타까움이 묻어납니다. "소위 문명이 진보될수록 인심이 강박해지고 기계가 발달될수록 생명에 위험이 생기여 가는" "생활의 경쟁이 너무나 극렬하야 길가에 나가서 눈 한번을 함부로 놀리지 못하고 무슨 일을 하나 기계적으로 팽팽 돌아가고 무슨 일에나 물질로만 따져 나아가려는" 서구 유럽보다 평화로운 고국의 인심이 그립다고 했습니다.

그런데도 노동자가 노는 것이 불안한 '위'에서는 더 많은 일을 시키려고 다양한 프로그램을 마련합니다. 게으를 여지를 주지 않습니다. 환언하면, 생각할 시간을 주지 않는 겁니다. 기업이나 조직은 소속된 직원과 구성원을 위해 극기체험, 단합대회, 회식, 등반대회와 같은 각종 프로그램을 준비하면서 그들의 아무것도 하지 않을 자유, 게으를 권리를 억압합니다.

직원들의 여가를 관리하는 프로그램은 복지라는 공통의 이름을 달았으나 사실 생산성을 높이기 위해 기획됐습니다. 어디에선가 미국 애플사의 홍보담당자가 "직원들이 15분쯤 쉰다면, 그 뒤에 더 많은 원기와 활력이 생길 것이다"고 말한 걸 보았습니다. 15분의 시간도 관리해주는 '우리 회사, 좋은 회사'인가요? 직원을 가족같이 여긴다는 수사를 내세워도 회사경영진의 본질적인 목적은 인적자원을 효율적으로 관리해 더 많은 돈을 버는 것입니다.

이제 지난 세기와 달리 노동시간은 점점 줄고 여가시간은 늘어갑니다. 그러나 게으름을 경계하는 목소리는 여전히 높습니다. 모처럼 얻은 여가를 게으름을 피우며 보내면 안 된다는 억압도 크게 변하지 않았고요. 여가는 축복이지만, 그걸 게으르게 보내는 것은 불행이라고 여기는 목소리가 큽니다. 일하지 않는 시간에도 여행을 하거나 박물관을 관람하면서 바쁘게 움직여야 여가를 선용한 것이 되니까요. 아무것도 하지 않는 것은 '죄악'이고, 무언가를 하는 건 좋다는 인식이 강하게 남아 있기 때문입니다.

*
**

흥부와 놀부의 사회

게으름에 대한 평가는 시대나 집단에 따라 달라집니다. 우리나라에서 전해지는 옛날이야기 '흥부와 놀부'를 봐도 알 수 있습니다. 고전 속 착한 흥부와 나쁜 놀부는 급변하는 20세기 후반의 한국에서 시대와 사회상을 반영하면서 평가가 달라졌습니다. 놀부가 욕심쟁이로 비판받는 시대가 있는가 하면, 놀부가 열심히 일하는 긍정적인 인물로 재평가되는 시대도 있었습니다.

20세기 중반까지 게으름을 사회적 악으로 여긴 우리나라는 1960년대부터 근면을 강조하며 본격적인 산업화에 나서 세상에서 가장 부지런하고 급한 나라로 변해갔습니다. 1965년은 '일하는 해'였고, 이듬해는 '더 일하는 해', 그 다음해인 1967년은 '전진의 해'로 정해졌습니다. 문민정부가 들어선 1994년에도 '올해는 일하는 해'였습니다. 당연히 저축과 근면, 검소를 실천하는 것이 최고의 덕목이 됐습니다. 이 세 가지는 근대 서구에서 자본주의가 발전할 때 내세웠던 가치였습니다.

영국의 철학자 러셀은 1935년에 발표한 에세이 〈게으름에 대한 찬양〉에서 노동을 인생의 목표인 것처럼 내세우는 산업사회를 비판했습니다. 그 산업사회가 시작된 한국에서도 게으름은 큰 비난을 받았습니다. 서양이 두 세기에 걸쳐 이룬 근대화를 단 몇십 년 만에 이뤄내는 과정에서 시간을 낭비하고 열심히 일하지 않는 것은 반역이자 매국이라는 분위기가 지배적이었으니까요. 한국의 산업화에 크게 기여한 '현대그룹' 정주영 회장의 글에서도 이러한 사회적 분위기가 묻어납니다.

나는 게으름 피우는 것을 선천적으로 혐오한다. 시간은 지나가버리면 그만이다. 사람은 보통 적당히 게으르고 싶고, 적당히 재미있고 싶고, 적당히 편하고 싶어 한다. 그러나 그 '적당히'의 그

물 사이로 귀중한 시간이 헛되이 빠져나가게 하는 것만큼 우매한 짓은 없다.

오랫동안 착한 사람의 상징으로 전해지던 흥부는 1960년대 이후 산업화와 근대화가 추진되면서 부정적인 인물로 평가되기 시작합니다. 행복해지기 위해서는 부지런히 일해야 한다고 여겨진 시대에 놀부는 열심히 일하고 재산을 지키는 자립적이고 근면한 인물로 여겨진 반면 흥부는 나태하고 게으르며 소극적인 인물로 해석됐습니다. 스스로 세상의 풍파를 헤쳐 나가지 못하는 게으른 흥부는 게으름에 관한 동서양의 아주 오래된 신화가 알려주듯이 가난뱅이였으니까요.

서울대 조동일 교수는 흥부가 소비하는 만큼 일하지 못한다고 평가했습니다. 소극적이며 나태하며 무기력한 인물이라는 것이죠. 반면에 놀부는 부자가 되려고 노력한 인물로 여겨졌습니다. 작가 최인훈도 《놀부전》에서 탐욕스럽게 여겨지던 놀부를 다시 평가합니다. 놀부를 성실하고 부지런한 현실주의자로 그린 반면에 동생 흥부를 게으르고 무기력한 인물로 재해석했습니다. 놀부는 먹을 것이 떨어져 양식을 얻으러 자신을 찾아온 흥부에게 그가 가진 게으름과 무기력, 무절제와 융통성 없는 태도를 질타합니다.

최인훈이 자본주의 논리를 적용해 고전을 패러디한 시대에

'놀부보쌈' '놀부집'이란 상호를 단 음식점이 등장했습니다. 놀부에 대한 사회적 평가가 부정적이지 않았다는 걸 알 수 있습니다. 놀부를 지지하는 사람들은 자본주의 사회에서 누구나 부지런히 일하면 잘살 수 있다고 믿었습니다. '더 일하는 해' '전진의 해'가 국가의 구호인 시대에 아이를 많이 가진 무능력한 흥부는 닮지 않아야 할 인물의 표상이었습니다.

근면이 최고의 미덕이고 게으름과 무력함이 죄악으로 여겨진 1980년대까지 놀부는 좋은 평가를 받았습니다. 이후 빈부격차가 사회문제로 떠오르고, 급격한 산업화가 주는 부정적인 결과가 주목을 받으면서 흥부는 다시 재평가의 대상이 됐습니다. 조지훈의 시를 빌려 쓴다면 이럴 겁니다. "가난하기로소니 개인을 탓하랴!" 가난한 것은 개인의 게으름에서 나오는 것이 아니라 사회구조적인 문제에서 비롯된다는 주장이 제기되면서 흥부는 가지지 못한 자를 대변하며 다시 선한 사람으로 여겨졌습니다.

오늘날 한국 사회에서 게으른 사람은 자본주의 가치관을 따르지 않는 사람을 의미합니다. 근면을 최고의 선으로 여기던 근대 서구사회와 비슷하지요. 반면에 목표를 설정하고 거기에 집중하며 시간을 낭비하지 않고 개미처럼 사는 사람을 근면한 사람으로 높이 평가합니다. 일하지 않고 어슬렁거리는 사람은 게으른 사람으로 멸시됩니다. 게으른 젊은이들을 부정적으

게으름은 왜 죄가 되었나

로 보는 것은 사회와 국가가 기대하는 대로 분주하게 살지 않기 때문입니다.

1980년대 우리나라에서는 사회적으로 게으른 사람들을 붙잡아서 삼청교육대로 보내 정신교육을 시킨 적이 있습니다. 사회정화정책이란 명목이었지요. 국가의 힘이 극대화된 그 조치의 이면에는 게으른 자들이 나쁜 짓을 할 거라는 불온한 시선이 숨어 있습니다. 일하지 않는 자는 나쁘며, 국가가 바라는 대로 살지 않는 행위는 권위에 저항하는 일종의 범죄라는 논리였지요. 일하고 더 일하며 그칠 줄 모르는 '좀 더'라는 압력을 받으며 인간의 존엄성은 뒤로 밀렸습니다. 노동자로서 〈노동의 새벽〉을 쓴 박노해 시인의 글이 생각납니다.

전쟁 같은 밤일을 마치고 난

새벽 쓰린 가슴 위로

차가운 소주를 붓는다.

아

이러다간 오래 못 가지

이러다간 끝내 못 가지

**

느림은 게으름의 짝

게으름은 대개 느림을 전제합니다만, 느린 사람이 다 게으른 건 아닙니다. 그러나 게으른 사람이 빨리 움직이는 경우는 없습니다. 게으름은 느리게 움직이며 시간을 아낌없이 쓰는 특징을 가집니다. 노동과 근면을 강조하고 생산성을 높이려는 사람들이 느림을 경멸하고 시간을 낭비하는 것을 마치 금이나 돈을 놓치는 것처럼 아까워하는 이유가 여기에 있지요. 가속과 직진이 미덕인 고속도로가 등장한 것도 시간에 대한 집착에서 나왔습니다.

시간을 돈으로 여겨 아껴 쓰고 부지런히 움직이고 일을 열심히 하는 건 잘살기 위해섭니다. 그런데 그렇게 하면 행복이 보장되던가요? 세상에는 덜 움직이고 여유로워서 게으르다는 평가를 받으며 더 잘사는 동물도 많습니다. 게으름을 연구하는 호프만Inge Hofmann 박사는《게으름은 인생의 절반》이라는 책에서 "게으르고 느린 생물체일수록 하루에 소비하는 생명에너지가 적어서 더 오래 산다"고 주장했습니다. 거북이 오래 사는 것은 거의 움직이지 않기 때문이죠. 100살이 넘게 사는 나일 강의 악어도 게으름뱅이로 불릴 정도로 움직임이 적습니다.

이처럼 지구에는 게을러서 건강하게 오래 사는 동물이 많습니다. 분주한 동물들이 게으른 동물들보다 일찍 죽는다는 사실은 오래전에 밝혀졌습니다. 활동량이 적은 생물이 활동량이 많은 생물보다 오래 사는 겁니다. 오랫동안 움직이지 않고 물속에 있는 철갑상어는 150년을 살 수 있고, 게으른 잉어는 에너지를 절약하며 100년까지 살 수 있습니다. 오래 살기를 소망하면서 빨리 죽으려고 기를 쓰듯이 일하는 건 정말 역설적입니다.

게으름뱅이가 비판받는 건 생산적인 일을 하지 않아섭니다. 세상에는 생산적이지 않아도 가치 있는 일이 아주 많습니다. 공장에서 대량생산을 강조하던 지난 세기와 달리 오늘날은 상상력과 창조성이 필요합니다. 이 책의 어디에선가 게으른 사람이 생각이 많고 그래서 사회에 위협적이라고 여겨 통제한다고 설명했습니다. 그런 논리에서 보면, "아무것도 하지 않고 빈둥거리는 것"이야말로 생각을 불러일으키는 생산적인 행동입니다.

게으름이 생산적이지 않다는 건 절반만 진실입니다. 14세기 독일 마인츠 출신의 구텐베르크는 게을렀기 때문에 책을 베끼는 일을 싫어했고, 그래서 금속활자를 발명해서 인쇄술을 혁신하며 역사적인 인물이 됐습니다. 이 책을 읽는 독자도 그의 게으름이 준 선물을 받는 셈이고요. 사실 창조적인 일을 하는 사람들은 대개 느리고 게으릅니다. 뛰어다니지 않습니다.

시인들도 빠르게 움직이지 않습니다. 빠른 걸음에서 아름다운 시상이 떠오르긴 어려우니까요. 게으른 시인으로 불리는 19세기 미국의 휘트먼Walt Whitman은 태평하고 무심한 무위를 칭송했습니다. 그는 "가끔가다 한 번씩 게으름을 피우는 사람이나 열두 시간 동안 몰아서 일하고, 다음 날 잠을 자며 빈둥대는 사람에겐 호감을 가질 수 없다"고 말했지요. 25세로 죽은 영국의 시인 존 키츠John Keats도 1819년에 나태함을 칭송하는 시를 썼습니다.

> 오, 아무 성가신 방해도 없는 시간이여,
> 나는 달이 어떻게 이지러지는지도 전혀 알지 못하네.
> 부지런히 훈계하는 상식의 목소리까지도!

"그는 생산적이야"라는 말에서 생산적이란 눈에 보이는 결과나 당장 이익이 되는 것을 이르지요. 미국의 사상가 소로Henry David Thoreau의 말처럼 투기꾼으로 하루를 보내거나 숲을 베어내고 땅을 평평하게 고르면 열심히 일했다고 여길 겁니다. "매일 반나절을 사랑하는 마음에 가득히 채워 숲속을 산책하는 사람은 게으름뱅이로 낙인찍힙니다." 작은 호숫가에서 살던 소로가 보기에 사람들은 집의 노예이고 재산의 노예이며 일의 노예입니다. 그는 작은 집을 짓고 농사를 지어 자급자족하면서 여유 있게 살았습니다. "일을 두 가지, 세 가지로 줄이라"고 조

✻ 소로의 책, 《월든》의 초판본 표지(1845)

언한 그는 "문명인이란 보다 경험이 많고, 보다 현명해진 야만인이다"라고 짚었습니다.

다시 게으름을 찬양한 러셀의 글을 인용합니다. "모든 도덕적 자질 가운데 세상에 필요한 것은 선한 본성이다. 이는 힘들게 사는데서 나오지 않고 편안함과 안전에서 나온다. 하루 네 시간 정도 필요한 일을 하면서 남는 시간을 적절한 곳에 사용할 때 문명은 발전할 수 있다." 그의 글은 진정으로 잘사는 것이 무엇인지를 생각하게 해줍니다.

근면과 성과를 가치 있게 여기는 오늘날의 자본주의 사회에서 느림은 외면과 비난을 받지만 속도를 내는 모든 것은 환영을 받습니다. 산업문명이 발전하면서 시간을 아껴 쓰는 인간의 삶이 기계화됐다고 말해도 과언은 아닙니다. '통나무집에서 백악관'에 도달한 놀라운 성공의 비밀은 고속도로의 빠른 속도입니다. 남보다 두 배 더 빠르게 움직인다고 두 배 더 행복한 건 아니지만, 노동과 근면이 바탕인 근대의 생존투쟁은 인간을 속도의 노예로 만들었습니다.

1930년대 미국에서 활동한 중국인 작가 임어당은 미국인이 내일, 내달, 내년을 예약하는 슬픈 상황에 살고 있다고 적었습니다. 오늘날 우리나라를 비롯한 세계 모든 나라가 그 영향을 받아 시간을 적고 기록하며 쪼개 쓰고 있습니다. '시간은 돈'이기 때문에 귀중한 시간을 효율적으로 사용하자는 '시테크'라는 말도 나왔습니다. '아침형 인간'이란 말도 시테크와 같은 맥락으로 일본과 우리나라에서 인기를 누렸습니다. 이 개념을 소개한 일본의 사이쇼 히로시는 성공한 사람들이 대개 아침에 깨어 있던 사람들이라면서 아침시간을 활용하여 성공적인 삶을 영위하자고 말합니다. 아침의 한 시간은 낮의 세 시간에 해당하며, 건강하고 장수하는 사람 중에 야행성은 없다고 주장한 그는 수면시간을 오후 열한 시부터 오전 다섯 시로 정하라고 조언했습니다.

모든 사람이 획일적으로 아침형 인간이 될 수는 없습니다. 비서구 세계의 시간관념이 서구 세계와 다른 것과 마찬가지입니다. 고대 그리스의 신화에서도 시간은 근대와 다르게 나타납니다. 제우스의 아버지 크로노스는 자기 자식에게 지배권을 빼앗긴다는 신탁을 믿고 태어난 자식을 다 삼켜버렸습니다. 이는 시간이 모든 것을 사라지게 한다는 걸 상징합니다. 그러나 크로노스는 제우스의 공격으로 삼켰던 자식들을 다시 내뱉습니다. 시간이 처음으로 돌아간 거지요. 이와 비슷한 이야기는 4장에서 본 것처럼 인도와 중국, 아메리카대륙에서 발견됩니다.

그러나 근대 이후 진보를 신뢰한 서양은 시간을 과거에서 현재로, 그리고 현재에서 미래로 끊임없이 이어지는 직선적 흐름으로 여겼습니다. 그러므로 한번 흘러간 시간은 돌아오지 않는다고 믿었고, 한정된 시간을 낭비하는 것을 죄악이라고 생각했습니다. 점진적인 변화보다 단시간 내에 효과를 보는 혁명이 선호됐습니다. 이런 사회에서 시간을 넉넉하게 쓰거나 아끼지 않는 게으름은 더 비난을 받았지요.

서구사회에서 패스트푸드는 시간에 대한 집착, 시간과의 경쟁에서 나왔습니다. 주문하면 곧 먹을 수 있는 장점을 가진 패스트푸드는 더 일하는 바쁜 현대인에게 주요 음식이 됐습니다. 짧은 시간에 조리하기 위해 튀기거나 볶는 조리법을 사용한 패스트푸드는 열량이 높아서 19세기 설탕이나 홍차처럼 노동자에게 빠르게 에너지를 제공하는 보이지 않는 역할도 담당했지요. 흥미로운 것은 시간을 아끼려고 생겨난 패스트푸드가 간편하고 저렴해서 이즈음엔 게으른 사람이 더 애용한다는 점입니다.

"일이 아니라 게으름에 지친다"고 말한 셜록 홈스가 생각납니다. 산업혁명 이후 서구인들은 업적을 내고 성과를 쌓아야 한다는 강박을 받으며 살아왔습니다. 많은 일을 하고 많은 것을 이루기 위해 일에 삶을 다 거는 사람이 적지 않았지요. 시간의 흐름을 초조해하고, 주어진 짧은 시간에 부지런히, 빨리빨리 뭔가를 이뤄야 하며, 노력하고 근면하여 좋은 세상을 보려고 애를 썼습니다. 그래서 일하고 더 일하는, 일만 하는 사람이 나왔고, 과로가 미덕이 됐습니다.

베스트셀러 《혼자만 잘 살믄 무슨 재민겨》를 펴낸 농부 전

우익 선생은 현대인이 "죽도록 일하고, 죽도록 먹고, 죽도록 버리는 삶"을 살고 있다고 지적했습니다. 우리는 죽도록 일하는 사람을 일벌레라고 부릅니다. 생각도 감정도 없는 하등동물에 비교되는 것이죠. 때로 일중독자라고도 부릅니다. 사회가 나쁘게 여기지 않는 유일한 중독이지만, 일에 자신을 의존하는 일종의 병리현상으로 칭찬할 일은 아닙니다.

'철의 여인'이란 별칭을 얻은 영국 최초의 여성 총리 마거릿 대처는 하루에 열여덟 시간을 일했다고 합니다. 그렇게 하루 24시간의 대부분을 무엇인가를 하는 데 쓰는 사람이 좋은 평가를 받습니다. 분주한 우리나라 직장인들의 연간 근로시간은 2074시간입니다. 독일의 1309시간, 일본의 1733시간보다 훨씬 많습니다. OECD 국가들 중에서 가장 오래 일하는 것이죠. 그래서 우리가 더 행복한가요? 업무에 많은 시간을 들인다고 결과가 더 좋은 것도 아닙니다. 과로로 피로감이 오고 오히려 업무에 집중하지 못하지요. 가장 오래 일하는 한국의 노동생산성이 OECD 국가들에 비해 떨어진다는 결과는 그걸 알려줍니다. 더 일하지만 덜 생산적인 거죠.

오스카 와일드가 통찰했듯이 "사회는 범죄자는 가끔 용서하지만, 몽상가는 용서하지 않습니다." 지난 두 세기는 몽상할 시간 없이 일만 강조하는 문화가 성했습니다. 우리나라도 예외는 아니었지요. 노동의 세기라 불리는 그 기간에 많은 사람이 과로에 시달렸습니다. 힘을 가진 자들은 노동과 근면을 성스러운 것으로 채색했습니다만, 생식기능을 거의 잃고 먹이를 모으거나 집짓는 일만 하는 '근면의 달인' 일벌과 개미를 닮으며 사는 인생이 아름답다고만 할 순 없을 겁니다.

***

비틀스와 히피

독일의 문화평론가인 발터 벤야민은 "우리는 시간을 보낼 것이 아니라 우리에게 오도록 초대해야 한다"고 말했습니다. 시간을 쪼개 쓰면서 바쁘게 사는 사람들은 자신이 시간을 잘 활용한다고 생각하지만, 실은 시간의 소용돌이에 하릴없이, 수동적으로 휘말려 들어갑니다. 시간에게 쫓기며 인간보다 개미가 주목받는 세상을 반대하는 큰 움직임이 1960년대에 등장한 것은 당연한 귀결이었습니다. 시간을 금이라고 배운 서구에서였지요.

　"비틀스풍은 부잣집 자식들이 복에 겨워 누리는 폐풍에 불과하며, 건설도상 국가의 젊은이들이 흉내를 내서는 안 될 것입니다." 이 말은 임어당이 1968년 6월 서울에서 열린 제2회 세계대학총장회의에서 한 발언입니다. 한국에서 열린 최초의 대규모 국제학술대회에 참석한 그는 서울시민회관에서 '전 인류 공동유산의 추세'라는 제목으로 강연을 했고 그때 이런 발언을 했습니다.

임어당이 말한 폐풍을 게으름이라고 부를 순 없지만 미국의 히피들이 대량생산의 세계, 노동이 미덕인 나라에 실망하고 그 문화에 염증을 느낀 건 분명합니다. 그런 그들이 타락한 미국, 위험한 서양의 대안으로 여긴 나라가 인도였다는 것은 의미가 심장합니다. 물질적으로는 덜 발전했지만 정신적으로 더 발전한 인도가 반문명과 반소비주의를 상징한다고 여겼으니까요.

1960년대 미국의 히피운동은 베트남전쟁 반대와 연결된 반전평화운동과 민권운동, 그리고 성해방운동이 포함된 저항운동이었습니다. 1965년 샌프란시스코에서 시작되어 뉴욕과 워싱턴과 같은 대도시로 퍼져나갔지요. 1967년 《타임》이 '히피들 하위문화의 철학'을 다루면서 구체화된 젊은 보헤미안들의 움직임은 유럽까지 파급되어 기존 질서와 성으로부터 해방을 추구했습니다.

소비주의에 오염되지 않은 '시장' 저편의 인도가 자연과 조화를 이루는 삶과 진정성을 지향하는 그들을 매혹했습니다. 그곳은 물질에 찌든 서양과 달리 물질적 소유를 거부하는 이상사회로 여겨졌습니다. 1960년대 후반에서 1970년대 초반까지 미국과 유럽의 수많은 보헤미안이 인도를 찾았습니다.

서구인들이 떼를 지어 몰려들자 해안가에 사는 인도인들은 놀랐습니다. 인도인은 자기 방식으로 히피들을 이해했습니다. 가뭄을 피해 집단적으로 고국을 등지고 인도에 피난한 사람들이라고 여겼지요. 당시 인도 총리인 인디라 간디는 인도의 영적 품에 귀의한 히피들을 '인도의 자식들'이라고 불렀습니다.

인도에 간 히피들은 몸을 조이는 세련된 서구식 의복을 벗고 낡고 헐렁한 인도식 옷을 입었습니다. 물질은 가졌으나 정신이 '헝그리'한 히피들은 모기가 난무하는 나무침대에서 새우잠을 자며 발전한 서구사회가 주지 않는 자유와 행복, 게으름을 누렸습니다. 구원과 해방을 얻기 위해, 요가와 명상을 배우고 채식주의를 실천했습니다.

히피들은 요가와 명상을 배우려고 힌두 성자들이 운영하는 아슈람에 가거나 문명이 미치지 않은 서해안의 고아 해변과 갠지스 강가에 모였습니다. 더러는 불교도가 되고 더러는 신실하게 인도의 영적 세계를 경험했으나 일부는 마약에 찌들어 갔습니다. 아무것도 하지 않는 그들에게 음악이 어우러졌습니다.

히피들은 인도를 좋아했으나 거기에 사는 인도인은 미워했습니다. 추상이며 그리움인 인도는 좋아해도 가난하고 더러운 인도인과 그들의 삶은 싫었던 겁니다. 히피들은 자기들끼리 어울리고 인도인과 거리를 두었습니다. 인도의 자유와 정신주의를 존중한다면서 시원한 히말라야 자락과 해변을 아지트로 삼아 자기들끼리 놀았지요. 비틀스가 다녀간 갠지스 강가의 리쉬

케시Rishikesh는 히피들에게 가장 인기가 높은 곳이었습니다.

　인도 서해안 고아 지방의 여러 해변도 히피들의 천국이었습니다. 고아는 인도의 다른 지방과 달리 '이국적'이었습니다. 바스코 다가마의 길을 따라 인도에 와서 500년간 머문 가톨릭 국가 포르투갈의 흔적이 짙게 남아 있거든요. 길이가 100킬로미터가 넘는 고아의 해안은 황금빛 모래사장을 가진 아름다운 해변이 많았습니다. 교회와 성당이 있고 야자수가 우거진 온화한 기후와 서구화한 음식이 히피들의 인기를 끌 만했지요.

　1990년 '관광에 대해 걱정하는 시민들'이라는 고아 지방의 시민단체가 인도 총리에게 보낸 편지에는 히피들의 행태와 삶의 일단이 드러납니다. "지난 10여 년간 히피들과 그들과 유사한 배낭족들이 사실상 고아를 점령했습니다 …… 그들은 비자도 여권도 없습니다. 우리 해변에서 누드로 돌아다니면서 자유연애와 프리섹스를 실천하고 퍼뜨립니다. 느슨한 그들의 삶의 방식에 마약이 빠질 순 없지요. 그들은 우리나라 젊은이들의 생명의 피를 팔아먹는 기생충들입니다……."

　인생은 아이러니의 연속입니다. 일을 기피하고 정신주의를 추구하는 히피들에게 음식과 잠자리를 제공하고 마약을 판 사람이 인도인이었습니다. 그들은 대마초를 피우고 음악을 들으며 물질세계로부터 해방을 기대하며 빈둥대는 게으른 그들을 상대로 생존을 위해 열심히 일했습니다. 게으르다고 널리 알려진 인도인이 게으름을 증오하는 사회에서 온 사람들을 상대로 물질을 팔며 열심히 살았습니다.

평화와 구원을 설파한 인도인 구루Guru들이 서구에서 환영을 받은 것도 이 무렵이었습니다. 물질문명의 바다에서 방향감각을 상실한 미국과 유럽의 영혼이 시린 사람들이 인도인 구루들이 전하는 구원과 행복의 메시지를 들으려고 인도에 모여들었습니다. 인스턴트구원을 기대하는 그들에게 인도의 정신주의를 처방한 구루들은 근면과 성과를 강조하는 서구 문명을 깎아내리고 인도 문명의 우수성을 자랑했습니다.

1959년 미국에 도착해 가장 성공적인 인도인 구루가 된 초월명상의 마헤시 요기Maharishi Mahesh Yogi는 인생의 목표가 "꽃에서 나는 향기처럼 행복을 넓히는 것"이라고 설파해 열심히 일하고 스트레스가 가득한 삶에서 탈출을 꿈꾸는 미국인의 마음을 단박에 사로잡았습니다. 그가 가르치는 느린 요가와 단순한 방식의 명상은 복잡한 현대생활에 지친 미국인에게 위안과 평안을 주었거든요. 영국 출신의 전설적인 록그룹 비틀스와 할리우드 배우 미아 페로Maria de Lourdes Villiers Farrow 같은 부러울 것 없는 인물이 그의 문하생이 됐습니다.

1960년대 이후 미국과 유럽에는 헐렁한 주황색 인도스타일의 옷과 마른 금잔화로 만든 목걸이를 목에 걸치고 한껏 게으른 차림새의 사람들이 나타났습니다. 힌두 신 크리슈나에

※ 아무것도 하지 않는 크리슈나 신과 연인 라다. 인도에선 그들을 게으르다고 말하지 않는다

대한 사랑과 헌신을 강조하며 젊은이들에게 인기를 얻은 '하리 크리슈나 운동'의 추종자들이었지요. 빈손으로 뉴욕에 와서 '하리 크리슈나'라는 구절을 반복한 지 몇 달 만에 첫 크리슈나 사원을 샌프란시스코에 세운 벵골 출신의 스와미 프라부파다 Swami Prabhupada는 빠르게 사는 미국인의 심약한 정신을 간파해 성공을 일구었습니다.

서구의 기준으로 느림과 게으름의 대명사인 인도인이 역동적이고 근면한 서구의 영적 스승이 됐다는 건 놀라운 일입니다. 기독교윤리와 자본주의정신으로 무장한 미국이 코카콜라와 IBM을 만들어 해외에 수출하는 동안, 인도는 게으름의 산물인 요가와 명상을 물질적으로 잘사는 나라의 마음이 가난한 자에게 팔았습니다.

많이 일하고 에너지를 많이 쓴 사람들이 먼저 피로하고 병이 나기 마련입니다. 너무도 낡은 표현이지만, 그렇게 얻은 물질이 행복을 보장하지도 않습니다. 인도에 대한 히피들의 열광은 근면으로 생긴 병을 치유하기 위해 게으름이 돌아왔다는 걸 보여줍니다. 20세기 말부터 일본과 우리나라에서 이는 인도에 대한 관심도 같은 맥락으로 이해할 수 있습니다.

하쿠나 마타타

일을 덜 하는 것의 장점을 깨달은 사람은 많습니다. 주로 창조적인 일을 하는 사람들이 그랬지요. 러시아의 위대한 작가 도스토예프스키는 "고독과 게으름은 상상력을 자극한다"며 게으름의 편을 들었습니다. 근면을 강조한 19세기의 역사가 디핑은 게으르고 생각이 없는 사람들이 행복하지 않다고 말했으나 도스토예프스키는 생각할 시간이 없을 정도로 바쁜 사람이 행복하다고 여기지 않았지요.

　게으름이 세상의 모든 비난을 다 받고 노동과 근면이 칭찬을 독점하는 건 옳지 않습니다. 게으름의 장점은 생각할 시간을 준다는 겁니다. 삶이 어디로 가는지를 짚어보게 하지요. 자신이 낸 성과와 실수를 따져보고, 중요한 것과 그렇지 않은 것을 가려낼 시간을 줍니다. 여름날 풀밭에 누워 푸른 하늘을 올려다보며 공격성을 키우는 사람은 없습니다. 말이 많은 사람이 말없는 사람보다 실수가 많은 것처럼, 인간과 삶에 대해 생각할 시간이 없는 바쁜 사람들이 문제를 야기합니다.

　피에르 쌍소는 《느리게 산다는 것의 의미》에서 이렇게 말합니다. "'시간은 금'이라는 말은 귀중한 시간을 쓸데없이 사용하면 금전적인 낭비로 이어진다는 의미로 사용된다. 느림은 무능력이나 게으름을 뜻하는 것이 아니다. 시간을 급하게 다루지 않고, 시간의 재촉에 떠밀리지 않으면서 나 자신을 잃어버리지 않는 능력을 갖는 것이다." 느림은 게으름의 동반자입니다. 느린 사람이 다 게으른 건 아니지만 게으른 사람이 서두르진 않으니까요.

게으름을 피우는 운동이 시작된 것은 빽빽한 삶에 여백을 둔다는 점에서 의미가 있습니다. 유럽에서 나타난 '다운시프트downshift족'은 적게 벌더라도 덜 일하며 느긋하게 살려는 사람들입니다. 그들은 금전적 수입이나 사회적 지위보다 삶의 질을 중요시하지요. 일과를 마친 뒤에는 아무것도 하지 말자는 움직임도 있습니다. 짧은 시간에 대량생산하는 패스트푸드에 반대하며 조리하고 먹는 데 많은 시간을 들이는 슬로푸드운동도 비슷한 맥락에서 나왔습니다.

"일하는 것이 가장 쉬웠어요!" 그러나 일이 없는 순간에 무엇을 할지 몰라서 당황하는 일중독자들이 많습니다. 아무것도 하지 않는 것이 지루하거나 죄책감이 들어서 주말이나 휴가 기간에도 일에 매달리는 사람들이지요. 놀아본 사람이 놀 수 있고 게으른 사람이 게으를 수 있기 때문에 일중독자들은 게으름을 낯설어 합니다. 게으르게 사는 건 아직 '운동'일 수밖에 없나봅니다.

《게으름뱅이Idler》라는 잡지를 창간한 톰 호지킨슨Tom

Hodgkinson은 《게으름을 떳떳하게 즐기는 법》이라는 저서에서 평범한 사람들의 일상을 이렇게 설명합니다. "인생의 가장 큰 낭비가 아침잠이라는 금언에 떠밀려 새벽에 일어나 우유에 콘플레이크를 먹는 것으로 하루를 시작한 그는 분주한 오전을 지내고 단시간에 시장기를 해결하는 식당을 찾는다. 종일 힘들게 일했으나 '이상적인 몸'을 만들기 위해 저녁시간에는 러닝머신에 오른다. 늦은 저녁에 TV를 보는 것이 유일한 즐거움인 그는 샤워를 끝내자마자 잠에 빠진다." 행복한가요? 저자는 이러한 삶을 버리고 게으름을 부리자고 권유합니다.

젊은 세대가 좋아하는 새로운 버전의 '개미와 베짱이'도 일만 하는 지난 세대와 다른 새로운 가치관을 담았습니다. 젊었을 때 쉬지 않고 일만 한 개미는 노년기에 신경통을 얻어서 병원에서 치료를 받습니다. 모은 재산을 치료비로 다 써버린 개미는 비참하게 말년을 보내지요. 이와 달리 노래를 잘하는 베짱이는 소질을 잘 살려 연예인으로 성공하여 행복하게 살았습니다. 이런 이야기는 죽도록 일하는 것에 큰 의미를 두지 않는 젊은 세대의 새로운 의식을 드러냅니다.

"하쿠나 마타타!" 1994년에 개봉한 디즈니 애니메이션 〈라이온 킹〉에 나오는 '하쿠나 마타타Hakuna Matata'라는 말이 생각납니다. 멧돼지 품바와 미어캣 티몬은 친구인 아기사자 심바에게 '하쿠나 마타타'의 의미가 "근심과 걱정이 없는 세상", "모든 문제로부터 자유로운 철학"이라고 알려줍니다. 즉 삶에 대해 걱정하지 않는 하쿠나 마타타는 자연에서 투쟁이나 갈등이 없이 사는 것, 어떤 문제로 걱정할 필요 없이 살아가는 것을 이릅니다. 그게 바로 행복이지요.

그렇게 행복해지려면 어떻게 해야 할까요? 수천 년에 걸쳐서 수많은 철학자들이 고민한 문제를 한마디로 말하긴 어렵습니다. 다만 이 책의 주제와 관련짓는다면, '험한 세상의 다리'를 건너기 위해서는 게으름과 근면을 적절하게 조화하는 것이 중요합니다. 게으름이 없는 곳에 행복은 없으나 일이 없어도 행복하지 않기 때문입니다. 여유 없이 일만 하는 개미와 춤추고 노래만 하는 베짱이를 결혼시켜 그 둘을 적당히 섞은 존재를 만들어 함께 사는 건 어떨까요? 적당히 일하고 적당히 쉬는 것, 이 단순한 삶이 사실 어렵습니다만.